ほん の きもち です

目次

本を贈られる喜び、贈る楽しみ

『不思議の国のアリス』の原作が、作者ルイス・キャロルの手書きの本の贈り物だったことをご存じでしょうか。

オックスフォード大学で数学を教えていたキャロルことドジソン先生は、7月のある日、大学の学寮長の3人の娘たちと一緒にテムズ川をさかのぼるボート遊びに出かけ、ボートの上で即興のお話を聞かせました。

耳を澄ます姉妹の中でも、まん中の10歳のアリスがとりわけ夢中になりました。お話の主人公の名がアリスだったからです。アリスからこの日のお話を書き留めてくれるようせがまれたキャロルは、それから2年半かけ、手書きの文章に手書きの挿し絵を付けて、手作りの本をアリスにプレゼントしました。

ウサギを追って穴に落ちたアリスがさまざまな冒険をする物語。一人の少女にささげた手書きの本が、のちに書き改められ、ファンタジーの世界の扉を開く作品となったのでした。

本を贈るのは素敵なことです。本を贈られた子どものころの思い出を覚えている方は多いでしょうし、大人になって信頼する人から本を薦められ、ありがたく感じた方もたくさんいらっしゃるでしょう。

阿刀田高さんは、気軽に本を贈ることを勧めています。確かに、何ごともどんどん便利になる今の時代に、本を重々しく扱うとますます本は遠ざけられてしまいそうです。

キャロルが生きたビクトリア朝時代は、産業革命が勢いづき、科学技術が急速に進み、現代とよく似ていました。その時代にアリスから「もっとノンセンス（でたらめ）を」とねだられるまま、気軽に（自由に）即興の話を語り、手書きの本を贈ったのですから（大変な手間はかかっていますが）、『アリス』はギフトブックの原点だったといえるのかもしれません。

読むことを重ねると話す力、書く力は自然と身につきます。人生を豊かにするために、文字文化・活字文化を育てていくためにも、大切な人に本を贈る習慣が楽しい文化として定着していくことを願っています。

公益財団法人文字・活字文化推進機構理事長
読売新聞グループ本社代表取締役社長
山口寿一

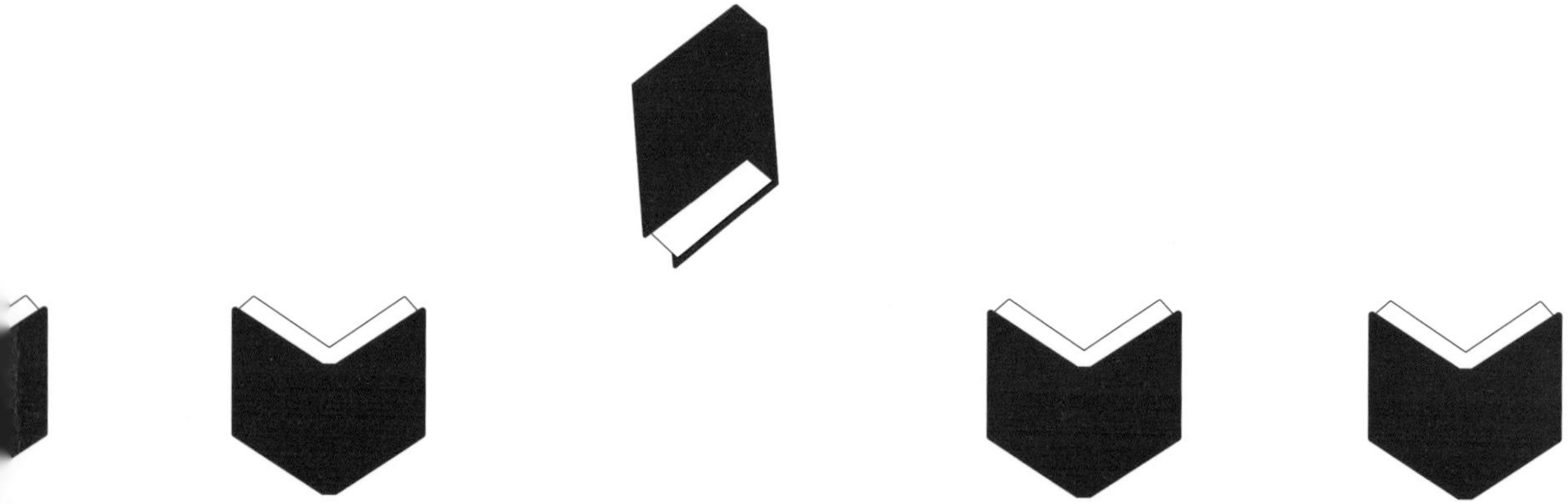

selector's **choice**

食べチョク代表

【秋元里奈】

あきもと りな

神奈川の野菜農家に生まれる。慶應義塾大学を卒業後、株式会社ディー・エヌ・エーへ新卒入社。2016年に農業分野の課題に直面し、株式会社ビビッドガーデンを創業。翌年こだわり生産者が集うオンライン直売所「食べチョク」を正式リリース。

とるにたらないものもの

江國香織
集英社文庫
550円（税込）

日常にある何気ないモノやコトを斬新に切り取った一冊。毎日が冒険のように感じた幼少期の発見や感動した記憶を呼び起こす、優しさと温かさ溢れる文章が印象的。昔話のお供として、母にプレゼントしたい作品。

selector's **voice**

私は生産者さんに貢献したいという一心で、毎日事業に向き合っています。一つのことを続けていると、時として近視眼的になってしまうこともあると思います。そういった時に、普段関わらないような領域の本を読むことが、視野を広げる貴重な機会になっています。

伝わるちから

松浦弥太郎
小学館
550円（税込）

社内外問わず発信することが多い立場なので、人一倍配慮のある表現を心掛けているが、ときには悩むことも。どのような背景や事情があれ、「他者を尊重し思いやれる人間」でありたいと、自分を振り返るきっかけをくれた作品。一緒に全力で頑張ってくれている会社のメンバーに渡したい一冊。

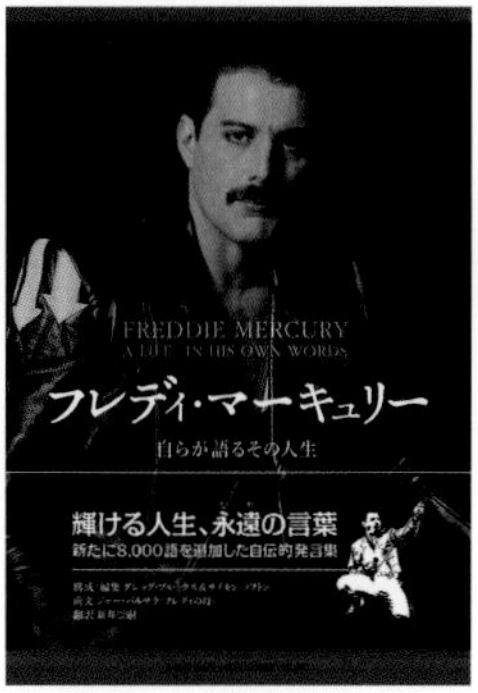

フレディ・マーキュリー 自らが語るその人生

グレッグ・ブルックス、サイモン・ラプトン　新井崇嗣　訳
シンコーミュージック
2,750円（税込）

オフィスの受付にフィギュアを置いてしまうほど尊敬しているロックバンド、クイーンのフレディ・マーキュリーの人生が詰まった一冊。気心の知れた仲間とクイーンを大熱唱することがリフレッシュになっているが、今度はその仲間たちにこの本を贈り、共に一言一句、噛みしめながら彼の人生の足跡を辿りたいと思う。

作家

【阿刀田 高《あとうだ たかし》】

1935年東京都生まれ。78年『冷蔵庫より愛をこめて』でデビュー。『来訪者』『ナポレオン狂』『新トロイア物語』他、著書多数。2007年から2011年まで日本ペンクラブ会長、2018年文化功労者。

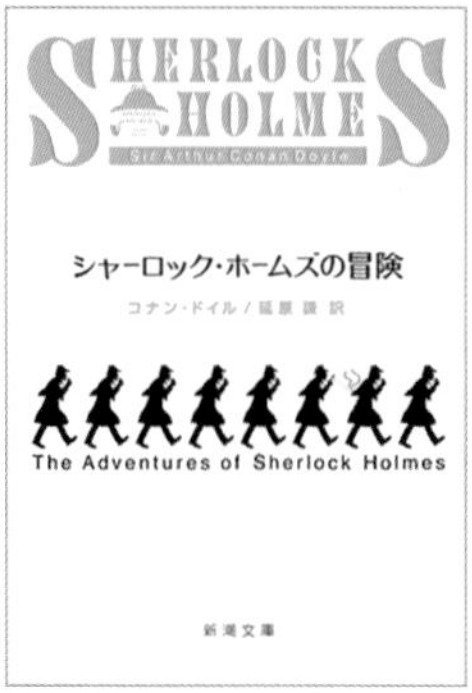

シャーロック・ホームズの冒険

コナン・ドイル　延原謙 訳
新潮文庫
605円（税込）

楽しむための読書なら推理小説がふさわしい。そしてその入り口はこれ。百年余り昔のイギリスが舞台だが、ホームズ探偵の推理は鋭く、明快で楽しい。これを享受すれば、その先にミステリーの広大な楽しみが待っている。

selector's **voice**

【最新著書】
不肖、私の自選傑作短編集として『赤い追憶』『おいしい命』を出版する。すでに同種のものを5冊、同じ集英社文庫に並べているが、その続編のようなもの。ご関心があればご瞥見を。

吉野葛・盲目物語

谷崎潤一郎
新潮文庫
605円（税込）

「谷崎潤一郎？ 知ってるけど読んだことないな」という声は多い。だが、これはお薦め。ヒロイン小谷の方（お市の方とも）は織田信長の妹にして絶世の美女。浅井長政の妻にして後に柴田勝家の妻。乱世を壮絶に生きたストーリーは素晴らしい。しかも谷崎文学の味わいも充分。

ことばのこばこ

和田誠
瑞雲舎
1,923円（税込）

和田誠の才筆が鮮やかに躍動している。子どもにも大人にも楽しめる言葉遊びのいろいろ。故人を偲ぶためにもこの冊をぜひ！

華道家元池坊　次期家元

【池坊専好】

いけのぼう せんこう

紫雲山頂法寺の副住職。いのちをいかすという精神に基づき、音楽やテクノロジーなど他分野とのコラボレーションにも取り組んでいる。2025年日本国際博覧会協会 理事・シニアアドバイザーを務める。

Photo:©Senshu Ikenobo

大草原の小さな家シリーズ

ローラ・インガルス・ワイルダー
恩地三保子 訳　ガース・ウィリアムズ 画
福音館書店　825円（税込）

小学校の頃、この本を読み、自分の知らない世界や時代に思いを馳せた。皆が助け合って暮らしている温かな家族像が印象的であり、今も大切なことを教えてくれているように感じる。ガース・ウィリアムズ氏の挿絵も郷愁を誘う。

selector's **voice**

小学校時代は図書クラブに所属し、書架整理の後の読書が無上の喜びでした。今も、新聞の書評欄から本を選び、いけばな作品へのインスピレーションを得ています。

平成27年度　旧七夕会　池坊全国華道展

100万回生きたねこ

佐野洋子　作・絵
講談社
1,540円（税込）

シンプルなストーリーの中に流れる深さ、自分とは何なのか、生きること、愛することを根底から考えるきっかけを与えてくれた。読むたびに新たな発見や思いがあり、異なる自分自身に気が付く。就寝前、子どもたちと共に読み、感じたことを話し合ってみては？

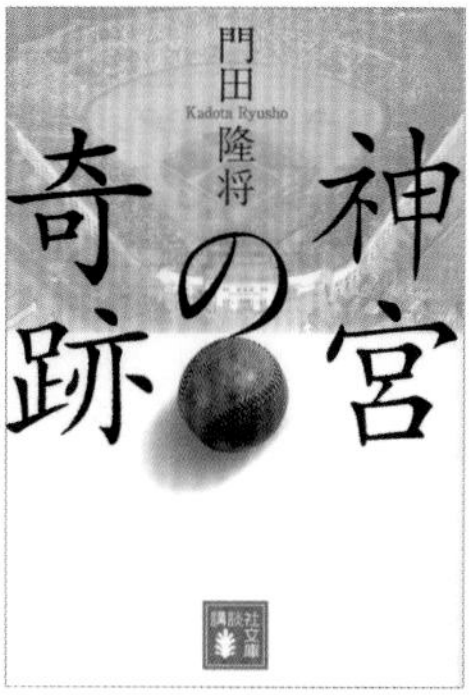

神宮の奇跡

門田隆将
講談社文庫
880円（税込）

戦争で過酷な経験をしながら、野球と共にたくましく生きる井元俊秀さんの生き方が心を揺さぶる。現実はドラマを超え、奇跡は偶然ではなく起こるべくして起こることを知った。昭和33年の出来事が、今の私たちに誇りと勇気を与えてくれる。

俳優

【石坂《いしざか》浩二《こうじ》】

慶應義塾大学在学中の1962年に『七人の刑事』でデビュー。テレビドラマ、市川崑監督作品など映画に多数出演。作家、司会者、クイズ番組の解答者としても活躍。

トランクの中の日本

J・オダネル 写真
J・オルドリッチ 聞き書き
平岡豊子 訳
小学館　2,750円（税込）

終戦直後の日本を撮った写真集である。戦争の悲惨さももちろんだが、今私たちがすっかり失くしたものを身に付けた日本人の姿を見ることができる。死んだ妹を負ぶって焼き場で順番を待つ少年の凛とした、佇まいが胸を打つ。

selector's **voice**

以前、イギリスで舞台関係の仕事をしていたという老人にお会いした。彼は大事そうに本を数冊抱えて「これは孫たちがプレゼントしてくれたんだ、誕生日にね」、デュマの全集のようだった。「これは彼からの贈り物」といってクリムトの画集を見せられたり、「結婚のお祝いにとゲーテの本を貰った」と、かなり使いこなされた本を見せてくれたこともあった。本を贈る。素敵な習慣である。

挿絵画家アーサー・ラッカムの世界 新装版

平松洋 監修
KADOKAWA
2,090円（税込）

19世紀のヨーロッパの絵本ブームを築いた一人であるラッカムは、やがてアメリカに渡りアメリカでも絵本のブームを作り上げた。子どもの想像力や創造力には量的なものも必要ではないだろうか。

鳥類のデザイン 骨格・筋肉が語る生態と進化

カトリーナ・ファン・グラウ
川上和人 監訳　鍛原多恵子 訳
みすず書房　6,930円（税込）

スケッチが写真を撮るより、はるかにさまざまな情報をインプットしてくれることは、絵を描いたことがあれば、うなずけることだ。著者のデッサン力は素晴らしく、それを模写することで飛んでいる鳥たちの羽に隠された動きが見えてくるような気がする。

歴史家

【磯田道史】

いそだ　みちふみ

1970年岡山市生まれ。歴史家。慶應義塾大学大学院修了。国際日本文化研究センター教授。『武士の家計簿』『天災から日本史を読みなおす』など著書多数。

宇宙
そのひろがりをしろう

加古里子
福音館書店
1,650円（税込）

人が生きる上で宇宙観は全ての基本になる。子どもの頃、宇宙の大きさと姿が知りたくて、この本を手に取った。どうやって人間が宇宙を知っていったか。望遠鏡の歴史まであって感動した。

selector's **voice**

【最新著書】
『歴史とは靴である　17歳の特別教室』（講談社）

『感染症の日本史』（文春新書）

椋鳩十の野犬物語

椋鳩十　末崎茂樹 絵
理論社
1,602円（税込）

人と動物の間を考えようと手に取った本。人も犬も「心」を持つ。本能とは一体、何か。動物にも、それぞれの生き方があることがわかる。

ビルマの竪琴

竹山道雄
偕成社
770円（税込）

小学生の時、遠い国に戦争に行った日本兵の物語を、初めて、この本で知った。夢中で読んだのは、明治生まれの大正育ちの著者の日本語の文章がしっかりしていたからだと感じている。

脚本家

【内館牧子】

うちだて まきこ

武蔵野美術大学卒業後、三菱重工業入社。13年半のOL生活を経て、1988年に脚本家デビュー。主な作品に、ドラマ『都合のいい女』『ひらり』『毛利元就』『週末婚』等。第1回橋田壽賀子賞、文化庁芸術作品賞など多数受賞。

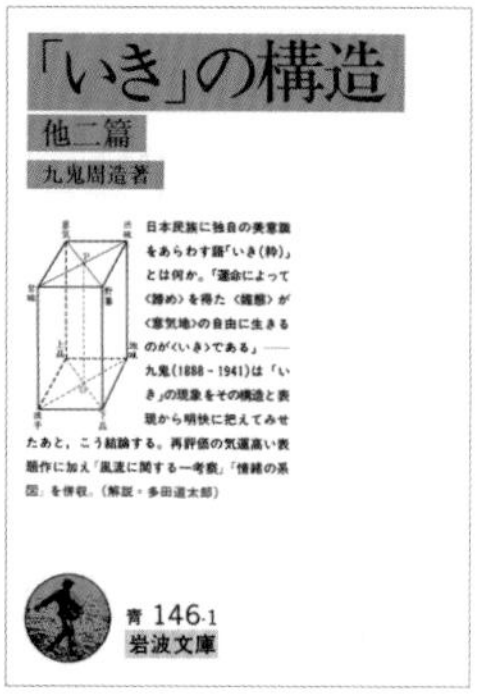

「いき」の構造

九鬼周造
岩波書店
792円（税込）

とてもとても面白い。「粋」という言葉は外国語にはないそうだ。「シック」とも「コケット」とも違うと。粋とは「媚態」「意気地」「諦め」だと九鬼は書く。それは「色っぽくて張りがあって垢抜けしている」ことだと。「何でもアリ」の今こそ、心したい。

selector's **voice**

私が会社員だった時、全社の移転がありました。その引っ越し準備に追われる日々に、私はゴミ捨て場で1956年発行の歳時記（山本健吉・光文社）を見つけました。全巻そろっているそれを拾い、今も私の宝物にしています。

わたしが死について語るなら

山折哲雄
ポプラ社
858円（税込）

日本を代表する宗教学者が、もともとは児童向けに書いたものである。その内容をほとんど変えず、大人用に編集した一冊。そのため、非常にわかりやすいのに、深いところを考えさせられる。「お前は今、死ねるか」という問いに、個々人はどう答えるだろう。

もう一人の力道山

李淳
小学館
627円（税込）

終戦後、敗戦国として日本人の暮らしはみじめなものだった。その中で唯一の歓喜と誇りは、外国人レスラーを叩きのめす力道山の姿だった。だが、彼は日本人ではなかった。日本を勇気づけるためにも出身を隠す一方、故国への想い。力道山の表と裏が心を打つ。

ライティングデザイナー

【内原智史】

うちはら さとし

1958年京都府生まれ。94年内原智史デザイン事務所設立。光による空間プロデュースを始め、照明器具から、東京国際空港（羽田）国際線旅客ターミナル、虎ノ門ヒルズ、コレド室町テラス、「Shanghai World Finan-cial Center」（上海）など国内外の都市景観照明のデザインを手掛ける。

ねらわれた星

星新一ショートショートセレクション

星新一　和田誠 絵
理論社　1,430円（税込）

幼い頃に絵本で印象的に記憶に残っているものがなく、中学生の頃に読みやすいショートショートを愛読したことが懐かしい。今あらためて、何処からか「おーいでてこい」と声を掛けられ、さまざまな世界でこの時差（過去と現在）の風刺が現実味を増している。

selector's **voice**

読書と光

例えば、子ども部屋の勉強机や部屋のあかりを隅々まで明るく照らすことが大切と思われがちですが、片付いていないことをさらけ出す光で叱る回数を増やすより、スポットライト一台の光で子どもが大切にしているオモチャや本を照らすことが子ども部屋にふさわしい光といえるかもしれません。程よい明るさと程よい暗がりの中で読書の世界が広がりやすい明かりが、読書の時間のおすすめです。

イルカと、海へ還る日

ジャック・マイヨール
関邦博 編・訳
講談社文庫　628円（税込）

人は言葉を操る高度な存在だが、意思疎通は言葉のまわりの気配や想いを感じ取ることが大切。それを人以外の動物たちから感じさせられることは多く、この書の醍醐味でもある。デザインも言葉を使わない意思疎通の一つであることに気付かされた一冊。

※品切れ中

闇をひらく光〈新装版〉
19世紀における照明の歴史

ヴォルフガング・シヴェルブシュ
小川さくえ 訳
法政大学出版局　3,300円（税込）

人類の歴史の中で人工照明の獲得は近代産業の大きな変革と我々の生活に多大なる影響を与えた。先進国が地道に築き上げた文明も、今や新興国のリープフロッグによってその価値観すら変わってしまう昨今の状況の中で、「闇をひらく光」は新たに生まれるのでろうか？

※品切れ中

猿田彦珈琲株式会社　代表取締役

【大塚朝之】

おおつか ともゆき

高品質コーヒーを気軽に沢山の人に届けたいと、コーヒー屋を開くことを決意。2011年恵比寿に猿田彦珈琲を開店。

Photo:©Suguru Saito

はちこう
―忠犬ハチ公の話

くめげんいち 文　いしだたけお 絵
金の星社
1,210円（税込）

課題図書で涙を流しながら読んだ7歳の息子は、あまりの感動から青山墓地へお墓参り、上野の国立科学博物館へハチの剥製を見に行った。同じ歳くらいに読んでいなかった僕は、彼のことを純粋にうらやましく思った。渋谷に思い入れがある方、交差点でナンパする人へ。

selector's **voice**

新幹線の移動中に読む本は、いまだに大人になったような気持ちで物語や内容に入り込めるのがうれしい。僕の場合、出張や移動がないと本を読む時間がなくなるのが問題。それほど、新幹線にかなうシチュエーションはないと思います。

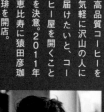

アンジュール
ある犬の物語

ガブリエル・バンサン
BL出版
1,430円（税込）

何をしてもうまくいかなかった20代半ば。その頃に地元のみどりさんが教えてくれた一冊の絵本は、焦燥感だけで空回りしきっていた僕の胸をなで下ろしてくれたのと同時に、根拠は何もないのに生きる自信を感じた。台湾にいる弟のような後輩に贈りたい。

MONSTER
全18巻

浦沢直樹
小学館

俳優で成功することを夢見た人間にとって、さらには猿田彦珈琲という強烈な名前を経営させてもらえたから実感した、名前の重要性と意義。そんな小難しいこと抜きに、この漫画の面白さは秀逸だし、これから何かの名前を決めなきゃいけない人たちにはぜひ。

INTERVIEW

本を読む愉しみ

養老孟司

Photo:© 稲垣徳文

小さい頃から本を読んでいましたが、いつどうやって文字を覚え、本を読み始めたのかは覚えていません。ただ、いまの人には理解できないかもしれませんが、私が子どもだった戦時中と敗戦直後は本がなく、活字に飢えていました。

『悪童日記』を書いたアゴタ・クリストフも、戦時中にハンガリーの田舎に住んでいて、やはり本がなくて、新聞の折り込み広告を隅から隅まで読んでいたそうです。本好きの子どもは、本がなければ仕方なくそんなものでも読むのです。

読書をすると世界が広がります。考えていなかったことを考えさせられるからです。私の専門は解剖学なので、よく「形」と「中身」を分けますが、本にも書いてある「中身」と「形」があります。ここでいう「形」は装丁や造本のことではありません。

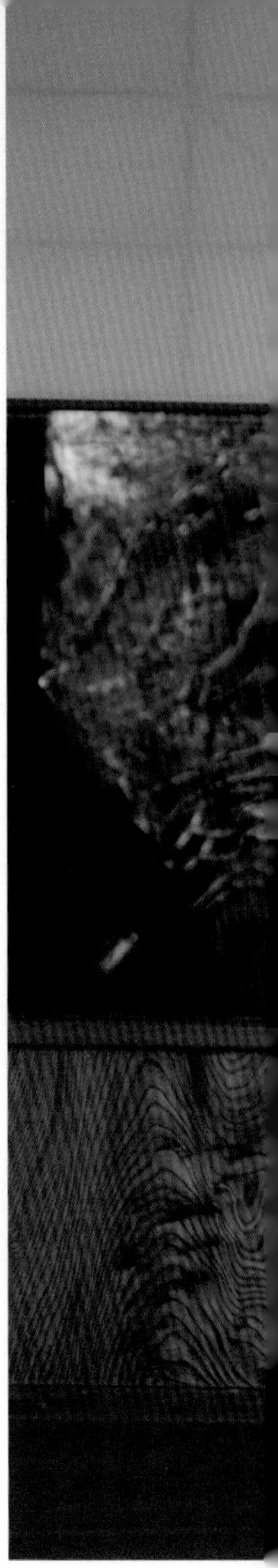

小林秀雄の『本居宣長』が出たときに、確かどこかの雑誌で福田恆存が、「この本がわかるのは自分しかいない」と書いていました。しかし、『本居宣長』は宣長の伝記なので、恆存にしかわからないような難しいことは書いてありません。恆存はその「中身」ではなくて、小林秀雄が最晩年のあの時期にどうして宣長について書いたのかという「形」、その本を包む全体がわかるのは自分だけだと書いたのでしょう。

読み慣れた人にはわかりますが、本にも力がある本とそうでもない本がありま す。力がある本は読み始めると離せなくなります。このまえ本棚を整理していて、山本七平さんの『日本はなぜ敗れるのか 敗因21ヵ条』を読み始めたら一気に終わりまで読んでしまいました。非常に力がある本で、途中でやめるのは倫理に反するように感じました。

本屋さんに行くのも本を読むのと同じで、いろいろな本（考え）に触れることができます。このところ暇がないのとコロナのせいであまり行くことができませんが、本が並んでいるのを見ていると、新

聞の見出しを見ているようにいろいろなことを考える楽しみがあります。

よく人によって嗜好が違うから本は贈りにくいともいわれますが、本当に面白い本は誰が読んでも面白いものです。ギフトブックを日本に定着させる取り組みは非常に良いことだと思います。バレンタインのように、本を贈る日を作れば良いのではないでしょうか。

解剖学者　養老孟司 →[選書p140-141]

指揮者

【大野和士】

おおの かずし

東京都生まれ。新国立劇場オペラ部門芸術監督。東京都交響楽団音楽監督。カタルーニャ国立バルセロナ交響楽団音楽監督。東京フィルハーモニー交響楽団桂冠指揮者。

Photo:©Herbie Yamaguchi

幸福な王子

オスカー・ワイルド　西村孝次 訳
新潮文庫
649円（税込）

すべてのお子さんに贈りたい一冊。独特の美意識や凄惨な情景を描いたワイルドだが、この童話の中ではひときわ輝く純真な心をも示している。最後の一文で、汚れにまみれた王子と王子の望みを叶えるために死んだツバメが天に召されるとき、空の彼方にのぼっていくような気持ちを共に感じられるような人になってほしい。

selector's **voice**

仕事柄、楽譜を読むのはピアノの譜面台や、大きな机に置いての真剣勝負ですが、読書はなるべくリラックスできる場所を選びます。近くの森に出かけて芝生に腰を下ろしてなんて理想的環境。また、意外に移動中の飛行機の中で耳栓をしながらというのも集中できて、あっという間に目的地に着きます。

名画の謎
ギリシャ神話篇

中野京子
文春文庫　880円（税込）

入院することになった友人に贈った一冊。絵画における神話の世界が、悲喜こもごもの人間社会と共通点があることを、筆者は説得力とユーモアに富んだ筆致で鮮やかに描く。また選ばれた艶やかな図版には、点線でここに注目というおまけまで。人間臭さがアートの中に散りばめられていることを知ったくだんの友人は、おかげで予定よりも早く退院し、人間社会の中に颯爽と帰っていった。

椿姫

デュマ・フィス　永田知奈 訳
光文社
1,188円（税込）

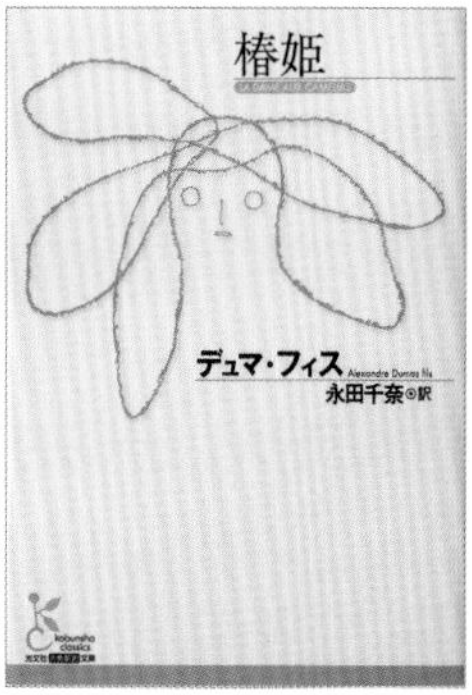

オペラを初めて見に行く人のなかでヴェルディの『椿姫』を選ぶ人は多いだろう。マルグリットの前にアルマンの父が突如現れ、息子と別れるように諭す下りと、最終場面、マルグリットが肺病で亡くなった後に、アルマンに渡された手紙の中に記された彼女の彼への思いを声に出して読み、ただただ泣いてほしい。その後、ヴェルディの音楽に心から身を浸すことをおすすめしたい。

陶芸家

【岡崎裕子】

おかざき ゆうこ

1976年東京都生まれ。97年株式会社イッセイ ミヤケに入社、広報部に勤務。3年後退職し、茨城県笠間市の陶芸家・森田榮一氏に弟子入り。4年半の修行の後、茨城県窯業指導所釉薬科石膏科修了。2007年神奈川県横須賀市にて独立。各地で個展やグループ展を開催。小山登美夫ギャラリー所属。

かくかくしかじか 全5巻

東村アキコ
集英社
各817円（税込）

何を学ぶかよりも、誰に出会うかで人生は大きく変わる。著者と師との出会いから別れまでの物語は、溢れる感謝と少しの後悔が描かれており、私の経験とも重なり心打たれた。まだ何者でもなく何を目指すかも定まっていない子ども達に、ぜひ読んで欲しい。

selector's **voice**

本棚に一箇所スペースがあります。私が、子ども達との会話から今興味があることをキーワードに、図書館で借りてきた本を入れる棚です。そこが本でいっぱいになっていると、子どもたちが喜ぶのです。往復書簡のようで、とても気に入っている習慣です。

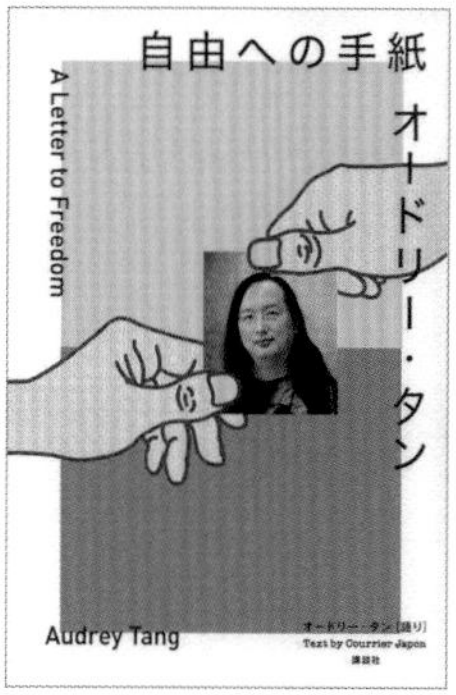

オードリー・タン
自由への手紙

オードリー・タン 協力
クーリエ・ジャポン編集チーム 構成
講談社 1,540円（税込）

同調圧力の強い環境下で、自分を自由にする方法に悩んだ時期があった。常に相反する双方へ理解を示し、進言している著者の言葉はとても勉強になる。次世代を見守り育てている同世代で、多様性に触れるきっかけを持たなかった友に贈りたい一冊。

自分らしく、を
生きていく。
がんとともに生きる
206人の笑顔と想い

LAVENDER RING
ハースト婦人画報社
1,980円（税込）

二人に一人ががんになる時代。しかしがんになると、治療中や治療後の自分がイメージできずに狼狽する。私もその一人だった。病を経て共存しつつ、輝いているロールモデルを知ることは、病気と戦っている人への光になる。同じ病で闘病中の方に贈る本。

※Amazonのみで販売中

小川流煎茶家元

【小川後楽】

おがわ　こうらく

1971年京都生まれ。2017年京都で200年以上続く小川流煎茶七世家元を襲名。京都芸術大学客員教授、佛教大学非常勤講師。

京の学塾 山本読書室の世界

松田清
京都新聞出版センター
2,970円（税込）

かつて京都に「読書こそ真の学問である」という信念のもと、山本読書室と名付けられた本草学問所があった。この本は、この史跡から発見された重文級を含む資料の目録である。どのページを開いても、風雅で豊かな教養に陶酔する。

selector's **voice**

書斎の友は、やはりお茶です。お茶は睡魔を払い、読書で興奮した心を静める作用もあります。気分により宇治茶、八女茶、村上茶など各地のお茶を選びますが、読書の時には嬉野の釜炒り茶を楽しむことが多いです。

下鴨神社献茶

料理通異聞

松井今朝子
幻冬舎
847円（税込）

江戸一と名を馳せた実在の料理屋「八百善」。ある時、「天下一ならではの茶漬けを食べさせてもらおう」と無理を言う客が現れる。後に退けない店主・善四郎は、まず宇治の煎茶を選ぶ。そして、ある意表をつく作戦に出て、見事江戸一の茶漬けを作り上げた。

奇人と異才の中国史

井波律子
岩波書店
792円（税込）

煎茶の世界は文人趣味であり、そのルーツはかつての中国にあった。この本は、中国史から歴史を彩った56人を選び出し、それぞれの個性をわかりやすく解説している。私はこの本で、梅の花を妻とした北宋の詩人・林逋の魅力に取りつかれた。

モデル

【押切《おしきり》もえ《もえ》】

ティーン雑誌の読者モデルから、『CanCam』の専属モデルを経て、『AneCan』の専属モデルを務めた。モデル業の他、テレビ・ラジオ、CM出演にデザイン業・執筆活動と多方面で活躍中。二科展絵画部門入選や、山本周五郎賞候補にも選ばれる。

いろいろいろのほん

エルヴェ・テュレ　谷川俊太郎 訳
ポプラ社
1,430円（税込）

ページ上の絵の具をなでたり、混ぜたり、揺すったり…。自分の手で生き生きとした色を操っているかのように遊べる本。いろいろな音読の仕方で子どもの笑顔を見て楽しんでいる。贈り物でいただいたので、私もおすすめしたい。

selector's **voice**

育児の合間、子どもが昼寝をしてふいに自分の時間ができた時などに本を開く瞬間が大好き。お気に入りのお茶を飲みながら、ひととき空想の世界を楽しんだ後は、日常のさまざまな奇跡に気付かされます。

蜜蜂と遠雷

恩田陸
幻冬舎
803円（税込）

ピアノの音色、そして個性豊かな登場人物による名曲の演奏が実際に聴こえてくるような作品。音楽が運んでくれる美しい風景と、各人物が背負う運命や感情が丁寧に描かれ、その迫力に引き込まれる。文章の力の凄さに深く浸れる一冊。

楽園のカンヴァス

原田マハ
新潮文庫
781円（税込）

名画を巡る美術ミステリー。アンリ・ルソーの『夢』をMoMAで観た時、痺れるほど感動したのをよく覚えている。絵の色遣いや構図、描かれ方、キャンバスに込められた想いとストーリーなど、その美しさが見事に言葉で表現されていて、まさに夢の中に誘われるような一冊。著者の美術作品への愛がよく伝わる作品でもある。

歌舞伎役者

【尾上菊之助】

おのえ　きくのすけ

七代目尾上菊五郎の長男。1996年5月五代目尾上菊之助を襲名。2019年『風の谷のナウシカ』通し狂言を実現。『グランメゾン東京』（TBS系）『カムカムエヴリバディ』（NHK）などにも出演。

Photo:©Eiji Hikosaka

壬生義士伝　上・下

浅田次郎
文春文庫
各836円（税込）

渡辺謙さん主演のドラマを拝見し、小説を手に取りました。新撰組で一番強かった男の背中にあるものはあまりにも切ない。読むたびに感動する一冊です。

selector's **voice**

【作品】
『義経千本桜』渡海屋・大物浦より
平知盛（尾上菊之助）
安徳帝（尾上丑之助）
2020年3月国立劇場
（公演中止・配信のみ）

Photo:©Takashi Okamoto

子どもに聞かせる 世界の民話

矢崎源九郎
実業之日本社
2,883円（税込）

題名の通り、世界の民話が集まった本です。一話数分で読めるので寝る前の読み聞かせにぴったりです。民話ならではの独特の世界や言い回しは子どもの想像力をうんと膨らませてくれます。我が家の子ども達は地球儀でお話の国探しをしています。

五代目尾上菊之助

岡本隆史 写真
CCCアートラボ
27,500円（税込）

お恥ずかしながら私の写真集です。写真家・岡本隆史さんに撮影していただいたこの10年間の歌舞伎役者「尾上菊之助」がつまった一冊です。歌舞伎をご存知ない方にも、衣裳の美しさなど楽しんでいただけると思います。

歴史家・作家

【加来耕三《かく こうぞう》】

1958年大阪市生まれ。奈良大学文学部史学科卒業。現在は、大学・企業の講師を務めながら、歴史家・作家としての著作活動も行っている。『偉人・素顔の履歴書』（BS11・毎土曜夜8時）で解説を担当中。

三国志 全60巻

横山光輝

©光プロダクション／潮出版社

かねてより大ファンであり、月刊誌で対談をさせていただいたこともある、漫画界の巨匠・横山光輝氏の不朽の名作。子どもから大人まで、歴史を愛する全ての方へ。まずは、『三国志』のハイライトの一つでもある、第1巻「桃園の誓い」からどうぞ。

selector's **voice**

私の愛用品は、事務所と自宅にそれぞれ置いてある犬のメガネスタンドです。普段かけている遠近両用メガネを外してスタンドに差し、老眼鏡にかけかえて、読書や執筆に取り掛かります。

【最新著書】

『日本史に学ぶ リーダーが嫌になった時に読む本』（クロスメディア・パブリッシング）

氷川清話

勝海舟
KADOKAWA
990円（税込）

晩年の勝海舟が、幕末維新期の時局や人物評などを語った談話録。本書と50年前に出会い、後に編者・勝部真長氏に教えを受けたことが、私の人生を変えた。日頃ご支援をいただいている方々や、歴史学を学ぶ学生の皆さまへ、幅広くお贈りしたい一冊。

坊ちゃん

夏目漱石
岩波書店
440円（税込）

小学校時代に読んだ小説の中で、最も印象に残っている作品。本作を読んで、もしかしたら若き日の私は、知らず知らずのうちに作家に憧れを抱いていたのかもしれない。漱石の他の名著と合わせて、作家を夢見る少年少女に贈りたい。

世界の本屋さん I

1

text：大島泉　photo：村松史郎

Les Français aiment toujours lire,
même si la tendance les éloigne de la lecture.
Le livre reste un compagnon indispensable de la détente.

活字離れが進んでも、やっぱり読書が好き。リラックス時間のお供に欠かせません。

【フランス】パリ編

心を込めて贈る
ギフトにこそ本がいい

スマホ依存や活字離れ、ネット書店の台頭などはフランスでも話題ですが、フランス人の読書好き、本屋好きは変わらないようです。コロナ渦中だった2020年秋、パリの二回目のロックダウン時に、「生活必需品」を扱う店だけ営業を認める、という規制になりました。そうした中、本は生活必需品、読書は必要不可欠なものとして、書店の営業を求める大規模な署名運動が起きたのです。いかにパリの一般市民が読書や書店に愛着を持っているかが、再認識される機会となったわけです。

　2019年の統計によると、50歳から64歳のフランス人の30%が、一年に20冊以上の本を読む読書家。この数字は、2015年には22%だったので、減るどころか、増えています。就寝前やバカンス先で、本はリラックスする時の大事なお供なのです。

1. パリのリヴォリー通りにある老舗書店「ガリニャーニ 」の店内。書棚は1930年代のもの。
2. 背表紙の美しい英語の文学書のコーナー。
3. 料理本やビジュアル本のコーナーは、英仏語の本が混じって並べられている。

Paris

本はプレゼントの定番中の定番

ギフトに本を選ぶ人も多く、その理由は「相手を喜ばせたいから」「ある作家について知って欲しいから」など、心を込めて選ぶギフトこそ本なのです。ギフトシーズンとは、すなわちクリスマスです。贈答の習慣は多くないフランスでも、クリスマスには家族で集まり、ツリーの下にラッピングした包みを積み上げ、イヴのディナーの後、真夜中に一人ずつ配ります。ギフトの中で、本は定番中の定番。

毎年秋に発表される文学賞の受賞作などのベストセラー本や、ビジュアル本、この数年の料理ブームもあってレシピ本など、そして女性向けにはライフスタイル系の本、男性向けにはコミックや歴史本などが選ばれることが多いそうです。

フランス革命直後から続く老舗書店

パリ市民に愛される書店の一つが「ガリニャーニ」です。開店は、フランス革命直後

1. レジ後ろの壁にも、書店おすすめの本がぎっしりとディスプレイされている。
2. 店の奥にある2階フロアには、ソフトカバー本のコーナーが広がる。本を手に取りやすいように天井が低く設計されている。
3·4. 店名ロゴの入った赤いクラフト紙でのラッピング。

の1801年。店長のダニエル・シリアン＝サバティエさんが、その歴史を語ります。

「イタリアで印刷業を営んでいたガリニャーニ家が、イギリス経由でパリにたどり着き、ヨーロッパ大陸で最古の英語書店を開きました。20世紀のはじめに出版業と印刷所は廃業し、第二次世界大戦中のドイツ占領下では、英語の書籍の販売が許されなかったため、フランス語の本を売り始め、特にアート本に力を入れました。現在は創業時に戻り、英語の本を20000冊、フランス語書籍を10000冊、アート本を7000冊取り扱っています」

客層は、近隣のオフィスで働く人々が昼休みや仕事帰りに寄ったり、チュイルリー公園の散歩がてらという人も多いようです。「英語の本に関しては、パリ在住の外国人や、英語での勉強をしているフランス人が中心だったのが、フランス語も英語も同じように読む、バイリンガルの人が年々増えています。文学以外の多くの売り場で、英語の本とフランス語の本を区別なく一緒に並べ、同じ本の英語版とフランス語版が隣同士に置かれていることもあります。アート本が多いため、サイン会なども定期的に行われています」

店の名前が入ったラッピングペーパーはクラフト紙で、片面に赤い文字でロゴ、もう片面は落ち着いた赤の無地。通常は赤を外側にして包みますが、お客さんの要望によっては、どの本が誰宛かを区別しやすいよう、ロゴ面を外側に包むこともあるそうです。ペーパーと同じトーンの赤いリボンをかけ、端にロゴ入りシールを貼って、リボンを切りそろえて出来上がりです。シンプルながらセンスの良いプレゼントに。今年も「ガリニャーニ」の包みが、パリの数多くの家庭のツリーの下に、赤い彩りを加えることでしょう。

Paris

Galignani（ガリニャーニ）
住所：224, rue de Rivoli 75001 Paris
電話：+33 (0)1 42 60 76 07
営業時間：10時～19時
定休日：日曜日（クリスマス前の12月は日曜日も営業）
www.galignani.fr

法然院貫主

【梶田真章】

かじた しんしょう

1956年京都市生まれ。84年法然院31代貫主に就任、現在に至る。念佛会、読書会、講演会、音楽会、展覧会、生物観察会などを開いている。著書『ありのまま』（リトルモア）他。

ポストコロナの生命哲学

福岡伸一、伊藤亜紗、藤原辰史
集英社新書
924円（税込）

生物学者、美学者、歴史学者が編まれた哲学書。特に福岡先生の序文は論理と自然の関係が簡潔に描かれ、何度も味わいたい詩のよう。コロナ後もコロナ前と同じ暮らしを続けるのか。コロナ後を見据えて、日々哲学する方々にとって最適な参考書。

selector's **voice**

哲学者だった父、橋本峰雄（法然院・貫主）宛に友人の司馬遼太郎さんから届けられた「司馬遼太郎全集」が中学、高校時代の愛読書でした。「漢文をしっかり学びなさい」という司馬さんの教えを守らなかったことを後悔しています。

日本人は なぜ無宗教なのか

阿満利麿
筑摩書房
858円（税込）

日本人に「あなたの宗教は？」と尋ねると、多くの方が「無宗教」と答えられる。初詣、彼岸会、お祭り、お盆、墓参りなど、神社や寺に参詣されながら、なぜ「無宗教」なのか。その理由を納得されたい方、自身の宗教心を問われたい方はぜひご一読を。

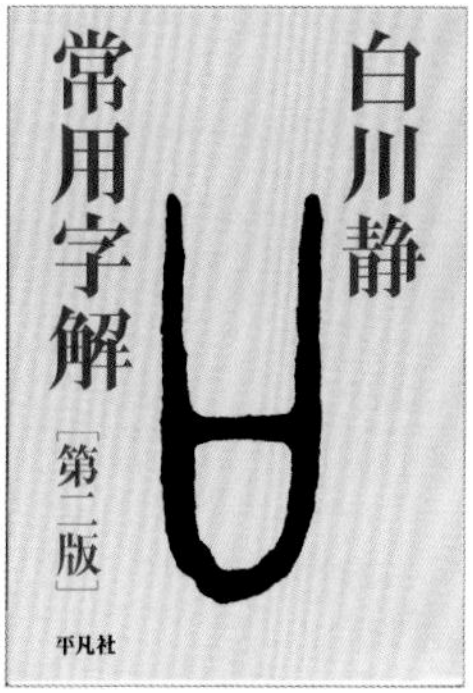

常用字解［第二版］

白川静
平凡社
3,300円（税込）

白川静先生が生涯をかけて探求された、漢字学三部作「字統」「字訓」「字通」の成果を常用漢字に絞り、簡潔に解説して下さった漢字の入門字典。大阪外国語大学在学中の恩師の言葉、「文法は引け、辞書は読め」を実践すべく、折に触れて読む座右の書。

プロゴルファー

【金子柱憲】

かねこ よしのり

1983年のプロテスト合格後、ジャンボ軍団入り。96年には3勝を挙げ、師・尾崎将司に次ぐ賞金ランキング2位に入り「マスターズ」に出場。現在は、各ツアー解説他、講演多数。2019年星槎大学特任准教授就任。

生き仏になった落ちこぼれ

長尾三郎
講談社文庫
492円（税込）

千日修行を2度満行された故・酒井雄哉大阿闍梨の自伝。私も比叡山（飯室谷不動堂）でお会いしたことがあり、その優しい笑顔と鋭い眼光は今でも鮮明に記憶している。時々、この本を読み返すと心が洗われる。

selector's **voice**

各ツアー解説のために新幹線や飛行機を利用することが多く、その移動中の楽しみの一つが読書です。特に、窓側の席の場合ですと、時折、外の景色を眺めることで気分転換にもなり、本とも向き合うことができる最高のひとときだと思っています。

エスキモーに氷を売る

ジョン・スポールストラ
中道暁子 訳
きこ書房　1,320円（税込）

50歳でスポーツビジネスを学ぼうと早稲田大学大学院に入学した時に、ある教授からすすめられた一冊。スポーツビジネスの難しさと逆転の発想が、人気のないNBAチームの実体験をもとに分かりやすく書かれている。

アドラー100の言葉

和田秀樹 監修
宝島社
1,100円（税込）

心理学者アルフレッド・アドラーの言葉をわかりやすく簡素に解釈した本。最初から最後まで読み切るというよりも、読みたい項目だけを繰り返し読んでいる。自分なりの解釈もでき、心がすっと軽くなる一冊。

ジャーナリスト

【国谷裕子】

くにや ひろこ

大阪府生まれ。2016年まで23年間、NHK「クローズアップ現代」のキャスターを担当。現在は、SDGs（持続可能な開発目標）の取材・啓発を中心に活動。2002年菊池寛賞、2011年日本記者クラブ賞など受賞。

幻の朱い実　上・下

石井桃子
岩波書店
上 1,540円／下 1,342円（税込）

『ノンちゃん雲に乗る』などの児童文学や『くまのプーさん』の翻訳を通して磨き上げられた、美しく深い日本語でつづられた濃密な大人の世界。87歳の作品とは思えないみずみずしさ。多くの人に読んでもらい、あの素晴らしい読後感を分かち合いたい。

selector's **voice**

日々せわしい暮らしの私に必要なのは「ひとりの時間」。とても貴重で大切なもの。読書は、究極の「ひとりの時間」です。知識や感動を得るだけでなく、自身との対話も楽しめます。ウトウトの時間も含めて。

深呼吸の必要

長田弘
晶文社
2,200円（税込）

対談や番組へのスタジオ出演など、思い出深い長田さんとの最初の出会いだった本。「贈る本」の定番だが、この本は外せない。まだ手にしたことのない人には、これから出会えるという幸せが待っている。立ち止まることの大切さを教えてくれる素敵な詩集です。

小さな地球の大きな世界
プラネタリー・バウンダリーと持続可能な開発

J・ロックストローム、M・クルム
武内和彦、石井菜穂子 監修
谷淳也、森秀行 訳
丸善出版　3,520円（税込）

このまま温暖化が進めば、地球は「灼熱の星」になってしまうと警告している地球環境学者。私たちは何をすべきか、さまざまな表情を見せる地球の写真と共に問いかける。未来を生きていく若い世代へ、そして、こうした世界を作ってしまった大人たちも、ぜひ。

建築家
東京大学特別教授・名誉教授

【隈 研吾】

くま けんご

1954年生まれ。東京大学建築学科大学院修了。90年隈研吾建築都市設計事務所設立。東京大学特別教授・名誉教授。30を超える国々で建築を設計し、国内外でさまざまな賞を受けている。

Photo:©J.C.Carbonne

ヨオロッパの世紀末

吉田健一
岩波書店
858円（税込）

※品切れ中

高校時代にこの本を手に取り、ヨオロッパ観ががらっと変った。少子高齢化社会と生きるための智恵が、19世紀末のヨーロッパに山ほどあることを確認していただきたい。

selector's **voice**

2021年10月1日にオープンした早稲田大学国際文学館（「村上春樹ライブラリー」）

内観パース©Kengo Kuma & Associates　外観写真©Kawasumi・Kobayashi Kenji Photograph Office

茶の本

岡倉覚三
岩波書店
506円（税込）

ニューヨークのコロンビア大学留学中に、この本の英文の原文を手に取りながら、わがアパートメントに仮にしつらえた茶室の中で、茶と未来の建築について議論した。世界に、日本をどう説明するかの、参考になる一冊。

ディテールで語る建築

内田祥哉
彰国社
3,520円（税込）

僕の大学時代の師匠である内田祥哉先生が、建築のディテールの本質を、わかりやすく語ってくれる。日本の伝統建築が現代と接続され、伝統建築が新しく感じられる。

世界の本屋さん Ⅱ

text：大原ケイ

Nothing says I've been thinking of you
but a perfect book for the occasion
during the holidays.

家族や親戚、個別に手土産が必要なクリスマスは、手頃な本がプレゼントに重宝します。

【アメリカ】ニューヨーク編

本を売る側も、買う側もホリデー・シーズンは大忙し

11月後半から12月にかけての時期を「ホリデー・シーズン」と呼びますが、アメリカの書籍出版業界では、年間の売り上げの25％がこの時期に集中します。全国の本屋さんにとってホリデー・シーズンはさらに重要で、中には年間の売り上げの半分以上がこの時期に集中する本屋さんも少なくありません。

普段は、お歳暮だのお中元だの、あるいは営業先に持っていく手土産もなく、あまり人に何かモノをあげる習慣がないアメリカ人ですが、クリスマスは例外です（誕生日のプレゼントはありますが、こちらは365日にばらけているので時期的に集中することはありません）。日本のお正月やお盆のように、家族親戚で集まってクリスマスを祝うわけですが、そこに顔を揃えるであろう全員に、個別にプレゼントを用意します。

New York

1・3. アマゾン書店が入っているモール内。クリスマスシーズンはいっそう華やぐ。
2. アメリカ最大の書店チェーン・バーンズ&ノーブルの店内。
4. ニューヨークの老舗書店・ストランドの店内。本と一緒にギフト用のトートバッグも並ぶ。
5. クリスマスシーズンの五番街、カルティエの外観。

ラッピングの美しさより誰の贈り物なのかが重要

遠縁のお年寄りから子どもたちまで、手頃なクリスマスプレゼントとして本が欠かせません。全く知らない他人ではないので、少しは趣味や好みもわかるわけですし。ちょっと話題になっているベストセラー、好きだと聞いているジャンルの本、きれいな写真集、美味しそうな料理の本、この季節にふさわしく、ちょっと心が温まるようなあらすじの本、そして児童書。

ラッピングもさぞかし凝ったきれいなものを、と思うかもしれませんが、実はそこはポイントではありません。中身が見えてしまうとサプライズがなくなってダメなので、サンタさんだの雪だるまだのと、柄の入った薄めのラッピングペーパーが基本。それを一気にビリっと破いて開けるのです。凝ったリボンは要らないけれど、誰から誰へのプレゼントかがわかるように、ラベルが重要です。

そして本を売る側にとっても、ここが勝負の季節。出版社は年末に向けたマーケティングや、どの本をクリスマス商戦のラインアップに加えるか、夏頃から周到に準備します。チェーン店や独立系書店がどういう企画でディスプレイ台を作ったり、どんなクリスマスキャンペーンをするのか、という情報をもとに、どの本にいくら予算を突っ込んで、買い物客の目にとまるようにするか…。

ブラック・フライデイの翌日は地元の書店を応援！

クリスマス前のサンクスギビング（11月第4木曜日）も、家族が集まるホリデーで、この翌日からクリスマス商戦の火蓋が切って落とされるわけです。金曜日は、量販店やショッピングモールが早朝から開店し、家電など値段の張るものが一気に安くなるので、人にあげるプレゼントよりも、自分が欲しい大型家電を求めて出掛けるのがブラック・フライデイ。その翌日、つまり土曜日に「地元のお店をサポートしよう」という主旨でスモール・ビジネス・サタデイと呼ばれ、全国の独立系書店にとって一番の書き入れの日となります。

　こうして、サンクスギビングで幕を開けたクリスマス商戦は、クリスマスイブで大団円を迎えるというわけです。もう24日の夜には、皆ギリギリで余裕がないので、売れ筋のタイトルをあらかじめラッピングしてある本まで登場します。（25日以降に届いたプレゼントは"無効"扱いです）。

　昔と違うのは、クリスマスギフトとしてキンドルやKoboなどの電子書籍リーダーを贈る習慣も根付いてきたので、25日を過ぎても電子書籍の売り上げなら見込める、ということです。

New York

1. ニューヨークでは期間限定で書籍スペースが設けられることが多い。こちらはアパレルショップの一角を借りたポップアップショップ。
2・3. カフェで開催された「パリス・レビュー」という文芸誌のポップアップショップ。ユニークなリースは、本のページを切り取って作ったもの。
4. 書店があまりないソーホー地区にて。空き店舗を一時期借りてポップアップショップを開催。
5. 夏に開催されるブルックリン・フェスティバルの様子。このように、テント一つとテーブルでどこでも出店して本を売る小さな出版社もある。

農学者　文筆家

【小泉武夫】

こいずみ　たけお

1943年福島県の酒造家に生まれる。『発酵』『酒の話』『日本人の知恵』『猟師の肉は腐らない』など、小説を含めて140冊を著した。最新作は『最終結論「発酵食品」の奇跡』（文藝春秋）。

青べか物語

山本周五郎
新潮文庫
693円（税込）

千葉県浦粕（浦安がモデル）で、「私」を通して見た独特で常識外れの住人たちの大らかな人生模様を描いた山本文学の円熟の作品。昔の人たちの、あっけらかんで泥臭い生き方と、今の飾りつくされた日本人との文化的ギャップを読者がいかにとらえるかがこの物語の重要な役割で、主に高校生に贈りたい。

selector's **voice**

読む本のほとんどは食に関わる昔の本や紀行文、歴史本なので、年表、古語辞典、飲食事典、民俗事典などは常に脇に置いています。

魯山人味道

北大路魯山人　平野雅章 編
中央公論新社
817円（税込）

料理とは何か、美味しいものとは何かを素材、料理道具、器などを引き合いにして美的、芸術的、哲学的に概論した「味道論」。美食家という枠を通り越して、料理やその周辺を論す執念の一冊。これから料理人や食に関わる職を目指す人にぜひ贈りたいバイブル的な高著だ。

宮本常一が見た日本

佐野眞一
筑摩書房
1,045円（税込）

民俗学者宮本常一は、日本の村という村、島という島を歩き続け、その風景の中に名もなき人々の営みや意思を読み、それを記録し続けた。そして高度経済成長という激しい波が、日本列島の風土とそこに暮らす人々を洗い流して、そこから一体何をもたらし、何を失わせたのか。日本人の失われた心と記憶を学んで欲しく、特に大学生に贈りたい一冊。

作家

【幸田真音】

こうだ まいん

米国系投資銀行で債券ディーラーなどを経て、1995年作家に。2000年に発表した『日本国債』は広く海外からも注目を浴び、2014年の『天佑なり』は新田次郎文学賞を受賞。

ワインが知りたくて

増井和子
駿河台出版社
1,980円（税込）

若い頃、フランス・ワインの奥深い世界と出会い、ワインに魅せられた原点の本。今も、大きな仕事がひとつ完了したとき、手術のために入院したときなど、なにかあってひと休みするとき、そのつど思い出して手にする、珠玉のワイン紀行本。

selector's **voice**

人形や玩具より、本や顕微鏡を欲しがる変わった子どもでした。小学生のときは図書館にずらりと並んだSFを、全冊読破したのを覚えています。ジュール・ヴェルヌの『海底二万マイル』、『地底旅行』など、夢中で読んだものでした。仕事柄、今は経済や金融の専門書と向き合う毎日ですが、寝る前には必ず楽しみのために本を開き、至福のひとときを大切にしています。

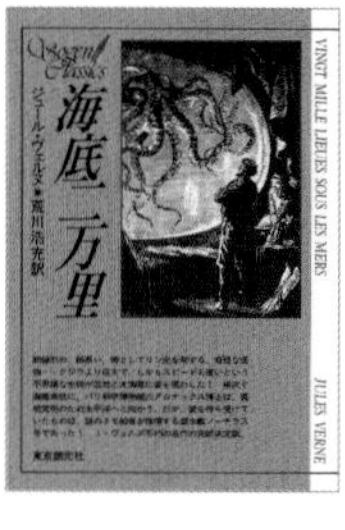

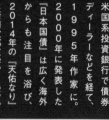

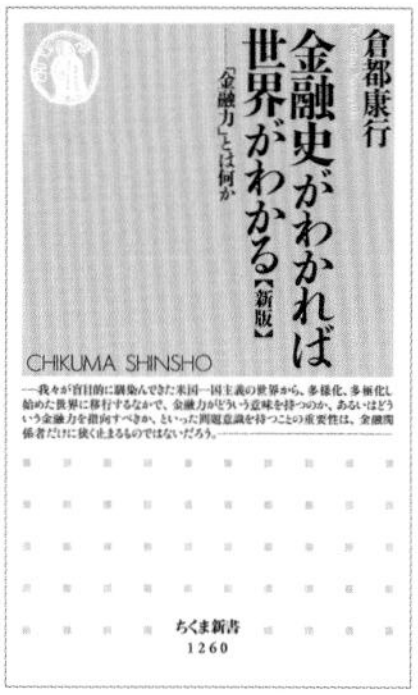

金融史がわかれば、世界がわかる【新版】

「金融力」とは何か

倉都康行
筑摩書房
946円（税込）

金融や経済の視点で歴史を見つめ直してみると、思いがけない発見があり、現代社会が直面する課題の解決につながる。グローバルな視点を横軸に、歴史の視点を縦軸に、世界を俯瞰できる視座が得られる一冊。

百万ドルをとり返せ！

ジェフリー・アーチャー
永井淳 訳
新潮文庫　825円（税込）

だました相手はだまし返す。しかも、だまされた百万ドルきっかりを取り返そうと知恵を絞る。頭脳と頭脳のぶつかり合う、痛快コンゲーム小説。私が作家になろうと思うきっかけになった一冊。

三菱総合研究所理事長

【小宮山 宏】

こみやま ひろし

２００９年に第28代東京大学総長を退任後、三菱総合研究所理事長。２０１０年にサステナブルで希望ある「プラチナ社会」を築くため、「プラチナ構想ネットワーク」を設立し、会長に就任。主な書籍は『新ビジョン２０５０』『ＮｅｗＶｉｓｉｏｎ２０５０』『「課題先進国」日本』など多数。

渚にて
人類最後の日

ネヴィル・シュート　佐藤龍雄　訳
東京創元社
１,１００円（税込）

偶発から始まった世界全面核戦争。４０００発を超える核の応酬が北半球を全滅させた。死の灰が徐々に南下し南半球に接近する。オーストラリアを舞台に、確実に迫りくる死を前にして、それでも生きる人々の悲しくも美しい物語。半世紀以上も昔、すでに警告された核の脅威。映画で観て、本を読んだ。

selector's **voice**

おいしい強めのコーヒー。読むときは集中するので、疲れると、自分で淹れて、休みます。お酒は好きなのですが、読めなくなります、私の場合は。

新ビジョン２０５０

地球温暖化、少子高齢化は克服できる

小宮山宏、山田興一
日経ＢＰ
１，９８０円（税込）

２０５０年にどんな世界を実現しているか、それが人類の岐路になるように思う。地球が美しく持続し、豊かで、すべての人の自己実現を可能にするプラチナ社会。巨大な力を持つに至った人間が、賢く行動しさえするならば、プラチナ社会を実現することができる。希望はあるのだ。

芽むしり仔撃ち

大江健三郎
新潮文庫
５７２円（税込）

大江氏にお会いしたとき、「『万延元年のフットボール』までは読んだのですが、最近はあまり」と申し上げたら、「小説読むのは体力がいりますからね」と言われたのを思い出す。しかし、初期の作品はそうでもない。懐柔はされない、僕は自由な人間だと小石を握りしめる最後の場面が好きだ。

放送作家・脚本家
京都芸術大学副学長

【小山薫堂】

こやま くんどう

1964年熊本県生まれ。執筆活動の他、地域・企業のプロジェクトアドバイザーを務める。京都「下鴨茶寮」主人、「くまモン」の生みの親でもある。映画『おくりびと』で第32回日本アカデミー賞最優秀脚本賞を獲得。

Photo:©Yoshihiro Kaneda

アルケミスト

夢を旅した少年

パウロ・コエーリョ
山川紘矢、山川亜希子 訳
KADOKAWA 616円（税込）

いつも自分が旅に出る時、必ずかばんに忍ばせている一冊。旅に行けない今だからこそ、旅に出たくなるこの本を！ 人生に必要な教えがたくさん詰まっている名著。

selector's **voice**

一冊の本が人生哲学の分岐点になることがあります。今回選んだ3冊はまさにそれ！ 旅先にも持ち歩き、反芻するように読み返しています。豊かに生きるための教科書です。

「待つ」ということ

鷲田清一
KADOKAWA
1,540円（税込）

人々が忘れてしまった「待つ」ということの価値がとても分かりやすく書かれている。これを読むと、これまでイライラの種であったはずの待つという行為がとても愛おしく思えてくる。

男の作法

池波正太郎
新潮文庫
572円（税込）

これを読み、本物のダンディズムを知った。一言で言うならば、人生を豊かにする教科書。男性への贈り物としてピッタリだと思う。

能楽　金剛流二十六世宗家

【金剛永謹】

こんごう　ひさのり

1951年二十五世宗家金剛巌の長男として生まれる。98年9月能楽金剛流二十六世宗家を継承する。2003年5月金剛能楽堂を京都御所の西向かいに竣工。シテ方五流宗家の中で唯一関西を本拠地とする。重要無形文化財総合認定保持者。

西方の音

五味康祐
新潮文庫
495円（税込）

※電子版のみ

音楽やオーディオを子どもの頃から最高の楽しみとしている私にとって、いつも傍らにあった本書。そしてこれからもずっと。全ての音楽ファンにおすすめしたい一冊。

selector's **voice**

金剛流の芸風は、豪快でめざましい動きの中にも華麗・優美さがあり、「舞《まい》金剛《こんごう》」といわれます。写真は「現代能」の代表作である「安宅」にて、弁慶を演じる筆者。

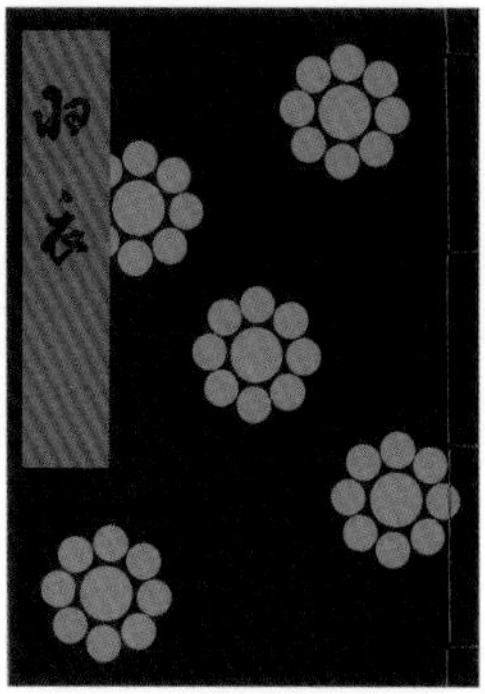

羽衣（金剛流）

金剛巌
檜書店　2,500円（税込）

”いや疑いは人間にあり、天に偽りなきものを“。能楽愛好家なら知らぬ人はいない「羽衣」の心洗われる詞章である。錦織りなす流れるような美しい言葉の数々、日本語の素晴らしさを今の時代にこそ若い人たちにぜひ知ってほしい。

「対訳でたのしむ羽衣」は、謡曲の詞章が現代語訳されており、曲や史跡の解説も収録されておりますので、一般のお客さまでも流派にかからわずお楽しみいただける書籍です。

銀河鉄道の夜

宮沢賢治　原作
藤城清治　文・絵
講談社　2,090円（税込）

今は亡き私の父が孫への贈り物に買い求めた。宮沢賢治の原作はもちろんのこと、藤城清治の幻想的な影絵に、家族みな魅了された思い出がよみがえる。月日は巡り、私もまた幼い孫たちへのプレゼントに。

作曲家

【三枝《さえぐさ》成彰《しげあき》】

1942年生まれ。代表作にオペラ『忠臣蔵』、NHK大河ドラマ『太平記』『花の乱』『機動戦士ガンダム逆襲のシャア』など。

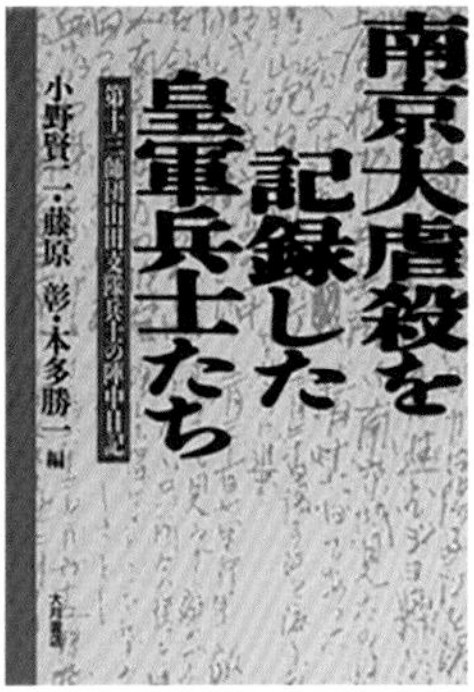

南京大虐殺を記録した皇軍兵士たち

第十三師団山田支隊兵士の陣中日記

小野賢二、藤原彰、本多勝一 編
大月書店　6,600円（税込）

84年前の「南京事件」に従軍した旧日本軍の兵士たちの日記。あのときあの場にいた者でなければ知りえない、書きえない事実がつづられている。「今日は何千人殺した」などと、あくまで具体的なのだ。これを読めば、「大虐殺はなかった」などとは言えなくなる。手を血で汚した当事者たちによる、無二の記録。

selector's **voice**

本は「積ん読」派。興味を持った本はとにかく買ってみるのだが、いつのまにか2万冊を超えてしまって、どうしたものかと悩んでいる。

【最新著書（編著）】

『ベートーヴェンは凄い！』

（五月書房新社）

風よ あらしよ

村山由佳
集英社
2,200円（税込）

大正時代を代表する婦人解放運動家・伊藤野枝の生きざまは、まさにアナーキー。人を枠にはめたがる世間などくそくらえとばかりに自由を求めてさまよい、駆け抜けた女性の28年の人生。先行する作品に瀬戸内寂聴さんの『美は乱調にあり』などがあり、何ものにもとらわれない彼女の生きかたは多くの人にインスピレーションを与えている。

川端康成と伊藤初代
初恋の真実を追って

水原園博
求龍堂
2,860円（税込）

川端康成は22歳の時に13歳のカフェの女給・伊藤初代と知り合う。彼女が自分と似た境遇にあることを知り、可憐さにも惹かれて婚約にこぎつけるが、突然、別れを切り出されてしまう。ふいに姿を消した初代を忘れることができず、川端はその後のあまたの作品で、彼女の幻を追うことになる。作家・川端康成の誕生に大きな影響を与えた恋を解き明かす一作。

SOMPOホールディングス
グループCEO 取締役 代表執行役社長

【櫻田謙悟】

さくらだ けんご

1956年東京都生まれ。早稲田大学商学部卒業。2015年より現職。「安心・安全・健康のテーマパーク」の実現を目指す。2019年より経済同友会代表幹事を務める。

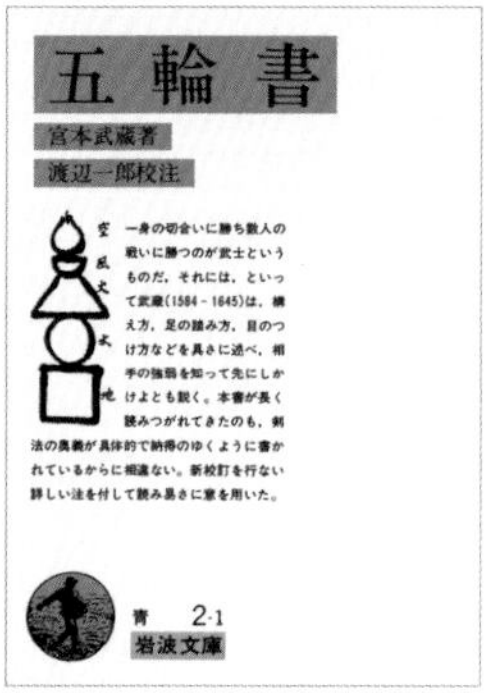

五輪書

宮本武蔵 渡辺一郎 校注
岩波書店
704円（税込）

「我事において後悔をせず。」このフレーズからは「後悔したときは死んだとき」という強烈なリアリズムを感じる。混沌とした時代の先を読み、勝ち抜いていくミッションを負う経営者にとって、強烈な危機感・リアリズムが不可欠だと教えてくれる。

selector's **voice**

VUCA※の時代にサステナブルな未来を築くために必要な原則を、「武士道」の価値観に根差して提言した著書「BUSHIDO CAPITALISM」を本年7月に海外で刊行。日本語翻訳版も刊行予定。

※Volatility（変動性）・Uncertainty（不確実性）・Complexity（複雑性）・Ambiguity（曖昧性）の頭文字をつなぎ合わせた言葉

破天荒な経営者たち

ウィリアム・N・ソーンダイク・ジュニア
長尾慎太郎 監修　井田京子 訳
パンローリング
3,080円（税込）

会議での議論を通じ意気投合した外国人投資家からプレゼントされた本で、原書で読んだ。経営とは「オペレーションをどうするか」ということよりも、「資本配賦をどうするか」が最重要であり、これを実践する判断力と胆力が重要だという示唆が得られる。

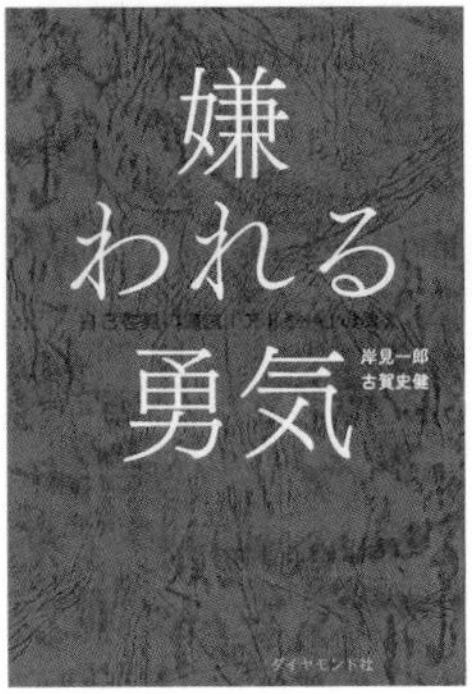

嫌われる勇気

岸見一郎、古賀史健
ダイヤモンド社
1,650円（税込）

日本でイノベーションの創出や多様性の受容が進まないのは、過度な同調性によるもの。嫌われたくないから皆と同じことをやる。それが停滞した平成の30年を招き、日本の「宿題」を山積みに。特に若い方には今こそ「勇気」を持って一歩踏み出してほしい。

世界の本屋さん III

text：アンゲリカ・キーラン

Wichtigen Menschen Bücher zu schenken bedeutet, Wissen zu schenken. Dies ist eine wertvolle Tradition, die über viele Generationen weitervermittelt wurde.

大切な人に本を贈るということは、知恵を贈るということ。代々受け継がれる、大事な習慣です。

【ドイツ】フランクフルト編

欧米の本と雰囲気の異なる日本の小説もギフトに人気

ドイツには紙の本の文化が深く根付いていて、電子書籍も他国に比べるとそれほど人気がありません。また、大切な人に本を贈る習慣が昔からあり、クリスマスシーズンはもちろん、誕生日や結婚式、入学式などにプレゼントすることもよくあります。

　1893年創業の老舗書店「ヒゥゲンデゥベル」。その最大店舗となるシュタインヴェグ店は、フランクフルトの中心部にあります。土地柄、地域住民だけでなく周辺企業で働くビジネスマンや観光客、郊外からフランクフルトに買い物に来る人まで、さまざまなお客さまが利用されます。お店の特徴は、書籍のほかにもギフトコーナーが併設されていること。特に毎年10月～クリスマス直前のクリスマスシーズンは、プレゼント探しのお客さまで店内はごった返します。

Frankfurt

1．毎年、10月に入ると「ヒゥゲンデゥベル」のギフトコーナーには、豪華なクリスマスギフトや書籍がディスプレイされ始める。
2．緩やかなカーブを帯びたギフトブックコーナーは「ヒゥゲンデゥベル」のシンボル。書店員が丁寧にお客さまを対応する。
3．美術書はクリスマスプレゼントに人気。
4．子ども向けの本は表紙が可愛い！
5．「タリア」には外国語の本も充実。

お客さまの対応をするのも書店員の誇りなのです

「写真集や料理本、小説、旅のガイドブックなどがギフトに人気です。立派なハードカバーの本が主流ですが、手軽なポケットサイズ版を綺麗にラッピングして贈る方もよくいらっしゃいます。日本の作家も人気が高く、特に伊藤比呂美、新海誠、ドリアン助川、東野圭吾の本がよく売れます。日本の本は欧米のものとは異なる雰囲気が魅力的で、ギフトにとても向いているんです」と話すのは、店長のバルバラ・ハメスさん。「ギフトシーズン中、お客さまからの問い合わせに、一つひとつ丁寧に対応するのも私たち書店員としての誇りなのです」とにっこり微笑みます。

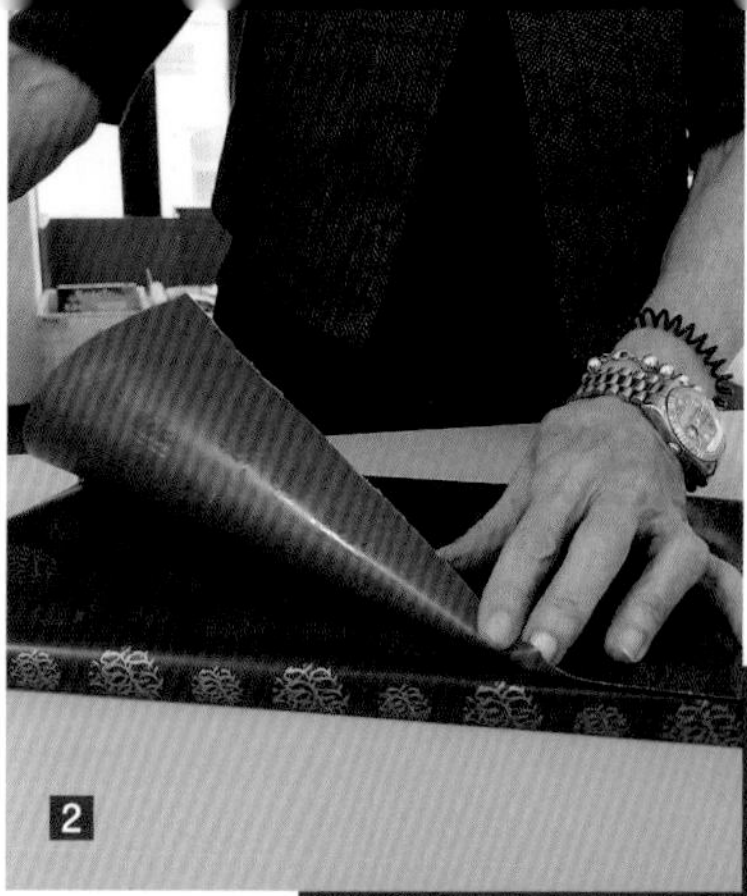

1.「タリア」のギフトブック専用の袋。封筒型で簡単にラッピングできるため、お店が混雑するギフトシーズンは、お客さまが持ち帰って自分でラッピングすることもある。
2.「ヒゥゲンデゥベル」は美しいラッピングに定評がある。
3. クリスマス関連本は10月頃から店頭に並ぶ。
4.「ヒゥゲンデゥベル」の広々とした店内。

読書にあると便利な
クッションや靴下も登場

「ヒゥゲンデゥベル」と並び、ドイツの大手書店チェーンとして有名なのが「タリア」。フランクフルト郊外のショッピングモール内にあるマイン－タウヌス－ツェントルム店は、２０１１年にオープンしました。こちらに来店されるお客さまは、主にフランクフルト周辺に住んでいる方々で、地域に根ざした販売が特徴です。「毎年10月に入るとギフトブックのディスプレイを始めます。ギフトシーズンに人気なのは、クリスマスをテーマにした書籍や恋愛小説、歴史小説など。骨の形をした読書専用クッション"レーゼクノッヘン"や、読書にあるとうれしいブランケット、"レーゼゾッケン"と呼ばれる厚みのある読書用靴下を本と一緒に贈られる方もいらっしゃいます」（店長のアンゲリカ・ケラーさん）

ドイツ人にとって本を贈るということは、知恵や楽しいひとときを大切な人にプレゼントすることを意味します。だからこそ、今も昔もギフトブックという習慣は大事にされているのです。

Frankfurt

5.「タリア」オリジナルの読書用クッション「Leseknochen（レーゼクノッヘン）」。骨の形がユニークで、いつもソファに置いておきたくなる可愛さ。
6.読書用ソックス「Lesesocken（レーゼゾッケン）」は柄が豊富に揃うので、ギフトにもぴったり。

Hugendubel（ヒゥゲンデゥベル）
住所：Steinweg 12 ,60313 Frankfurt am Main
電話番号：+49 69 80 88 11 88
営業時間：月~土曜日9時30分～20時
休業日：日曜日・祝日
www.hugendubel.de

Thalia（タリア）
住所：Main-Taunus-Zentrum 1 ,65843 Sulzbach
電話番号：+49 69 2400457-0
営業時間：月～水曜日9時30分～20時、木～土曜日9時30分～22時
休業日：日曜日・祝日
www.Thalia.de

作庭家　庭園史研究家

【重森千青】

しげもり　ちさを

1958年東京都生まれ。中央大学文学部卒。京都工芸繊維大学講師。京都真正極楽寺（真如堂）「隋縁の庭」、台湾高雄澄清湖庭園、『日本の10大庭園』、『京都和モダン庭園のひみつ』など、作品、著作多数。

地球
その中をさぐろう

加古里子
福音館書店
1,650円（税込）

子どもへの読み聞かせに良い絵本をと思って購入し、そのまま親の方がハマってしまった本。細やかな描写、地球の成り立ちなど、これを基本として子どもだけではなく、大人も専門分野に興味を抱かせることのできる魅力的な構成を持っている。

selector's **voice**

お気に入りの椅子に座って熱いコーヒーを飲み、合間に窓辺に見える小さな自作の枯山水庭園が一服の清涼剤となり、爽やかな空間に思いを馳せながらの読書は最高に幸せなひとときです。

桂離宮

日本建築の美しさの秘密

斎藤英俊　穂積和夫 絵
草思社
1,760円（税込）

桂離宮は建築と庭園が完璧な美によって構成されていることで知られている。本書では建築に焦点を当て、建て方、使い方、住まい方など、写真では表現できないことをイラストでわかりやすく表し、いつの間にか完成当初の美に思いを馳せることのできる魅力がある。

『林苑計画書』から読み解く

明治神宮１００年の森

明治神宮とランドスケープ研究会
東京都公園協会
1,320円（税込）

人工的に作り上げた森が、本当の自然になったのが明治神宮の森。その計画から森の成り立ちに至るまでが、詳細な記録や図面などから12名の著者によって解き明かされている。自然と都市との共存が可能なことを教えてくれる。

※本書は「緑の図書館東京グリーンアーカイブス」及びＡｍａｚｏｎよりお求めください

狂言師

【茂山あきら】

しげやま　あきら

１９５２年生まれ。二世茂山千之丞の長男。２００１年より狂言と新作落語のコラボレーション〈落言（らくげん）の会〉「お米とお豆腐」を結成。１９８１年に欧米の現代劇と日本の古典芸能を融合した「ＮＯＨＯ（能法）劇団」をジョナ・サルズと共に主宰。第31回京都府文化賞功労賞受賞。

反対語対立語辞典

三省堂編修所
三省堂
２,４２０円（税込）

「日本語てホンマに面白い言葉やねー」

「ややそや、同音異義語なんかようけー有るヤン」

「そやさかいに、和歌やら謡は洒落だらけやもんね！」

「それに反対語　入れたら無敵や」

selector's **voice**

本を読む時に訪れる場所：京都御所

中学時代、学校が御所のすぐそばでした。学校帰りによく立ち寄って、本を開きました。でも本を読み出すと、なぜかよく雨に遭いました。

京都御所

日本語
オノマトペのえほん

高野紀子
あすなろ書房
1,540円（税込）

「そんなに、えーんえーん泣きないな」

「バタンと転けたんか？」

「お日さんもポカポカ暖こうて　ええ気持ちや」

「ヨシヨシ　おっちゃんがオモロイ本読んだろ」

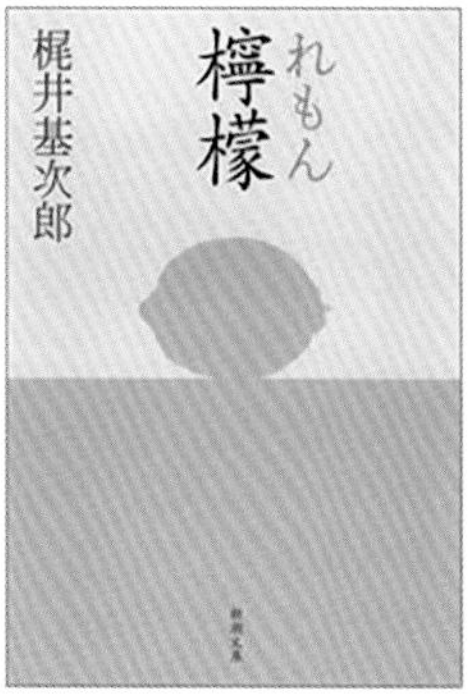

檸檬

梶井基次郎
新潮文庫
473円（税込）

「文学部入学おめでとう」

「でも　何で文学部やねん？」

「エッ　どの学部でも良かった　入れるとこやったら？　本なんか読んだこと無い！」

「しゃーないやっちゃな！　ほな、まずこれ読んでみいな」

読書のススメ

今や知りたい情報はインターネットで簡単に
入手できるのに、わざわざ読書をする理由とは？
じつは本を読むというシンプルな行為には、
メリットがいっぱい。情報過多で
ストレスを抱えがちな現代人にこそ、
読書をおすすめしたい。

point 1 脳が活性化されてイキイキしてくる

文章を理解～要約し、記憶するなどの作業を繰り返すと、脳が活発に動くといわれている。つまり、読書をすればするほど脳が活性化され、神経回路も強化されるというワケ。また、加齢による認知機能の低下を防ぐ働きがあるとも。筋トレで身体を鍛えるように、読書で脳を鍛えよう。

point 2 集中力＆記憶力アップ 頭の回転も良くなる!?

インターネットで情報を断片的に検索するのとは違って、読書は前後の内容を深く理解するために集中する必要がある。さらに、知識を得れば得るほどその内容を覚えておこうと頭を使うため、自然と集中力と記憶力がアップ。ぜひとも読書を習慣にしてほしい。

[redacted]

point 3 いつでもどこでもリフレッシュできる

仕事や学校、プライベートで嫌なことがあっても、お気に入りの本を開けば、一気にその世界に引き込まれ、気付けば気分スッキリ。時には悩みや不安を解決するヒントに出会えることも！ わざわざ高いお金を払って気分転換しなくても、一冊の本が頼れる相棒になってくれるはず。

point

4

語彙力が付いて 表現力が豊かになる

ミステリー、歴史小説、ノンフィクション、ビジネス書、図鑑…。一口に本と言ってもジャンルはさまざま。いろいろなジャンルの本を読めば、普段使わない言葉にも触れることができ、結果として語彙力が付く。言葉を多く知っていれば、それだけ表現力が豊かになり、コミュニケーション力もアップするかも!?

point

5

考え方が柔軟になって 笑顔が増える

日々を何気なく過ごしていると、つい思考が凝り固まりがち。読書を通してさまざまな価値観に触れることで、自分の思考のクセを客観視することができ、ひいては価値観を広げるきっかけにもなり得る。考え方が柔軟になれば、心にもゆとりが生まれるだろう。

point

6

共感力が上がって 思いやりの心が育まれる

小説を読んでいると、登場人物の心情に感情移入することがある。自分のことでもないのに、登場人物の気持ちになって涙を流したり、喜んだりするのは共感力があってこそ。共感力が高まれば、相手の気持ちも想像できるようになり、人間関係にもメリットになるはず。

illustration by Clipart courtesy FCIT

書家 アーティスト

【紫舟《ししゅう》】

日本の伝統文化である「書」を、絵、彫刻、メディアアートへと昇華させ、文字に内包される感情や理を引き出す。その作品は唯一無二の現代アートであり、日本の思想や文化を世界に発信している。

Photo:©Noriaki Ito

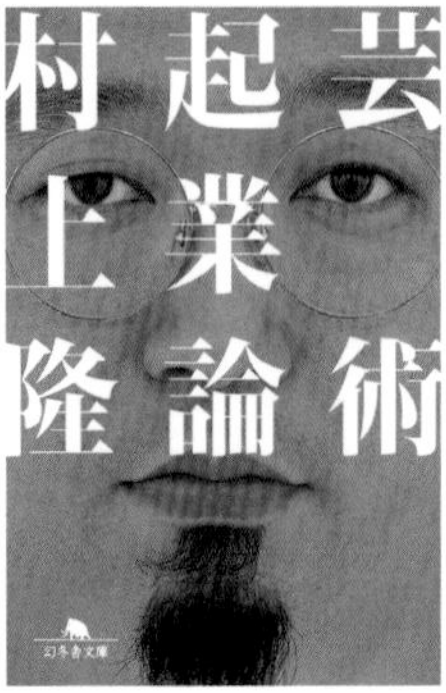

芸術起業論

村上隆
幻冬舎
594円（税込）

オックスフォードのAIの権威曰く「AI時代に最も増える職業はアーティスト！」。有史以来、初めて「芸術が熱い」時代が来る。そして世界の芸術は、日本とは異なるルールで成立しているため、まずは知り、学ぶことが肝要。村上隆さんの著書は秀逸。表現を深めたい方、必見！

selector's **voice**

【書の立体作品】
流水の香

流水は、どれほどの時を生きているのだろう。時として淀み痛んでもなお流れつづけることでその傷をいやし、土や植物たちを通りぬけては澄みわたってゆく。悠久の香りを運ぶ。

WE HAVE A DREAM 201カ国202人の夢 ×SDGs

WORLD DREAM PROJECT
いろは出版
2,860円（税込）

大人は子どもを見ると聞く「将来の夢は？」。子どもは、成し遂げたいことがあったとしても、もう夢を持たなくなった大人には、あらかじめ用意しておいた大人が喜びそうな答えを告げて、走り去る。夢は、職業名？ 家を買うこと…？ 夢がどんなものか、この本は教えてくれる。

美の壺

NHK「美の壺」制作班
NHK出版

圧倒的に魅惑的な写真と、考え抜かれた装丁の美。そして簡明にまとめられた文章は、秋の夜長に、庭で夜風にあたりながら、のんびり読むのに最適。一冊ずつ贈って全シリーズそろえるのもおすすめ。

［写真は、『美の壺・切手』1,045円（税込）］

裏千家前家元

【千《せん》 玄室《げんしつ》】

1923年生まれ。64年千利休居士15代家元を継承。2002年嫡男に家元を譲座。一盌からピースフルネスの理念を提唱し、各国を歴訪。外務省参与。文化勲章、レジオン・ドヌール勲章コマンドゥール（仏）等受章。

【最新著書】
2020年に、『一盌をどうぞ 私の歩んできた道』（ミネルヴァ書房）を刊行。

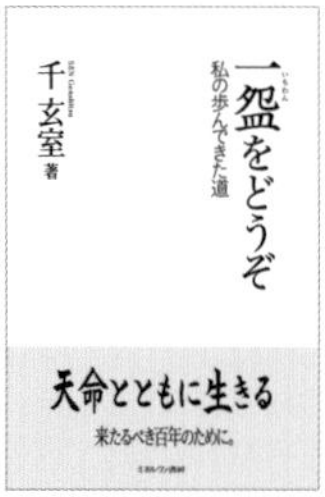

selector's **voice**

だから古典は面白い

野口悠紀雄
幻冬舎
924円（税込）

学生時代に古典に興味を持ち、源氏物語や記紀を読んでいたものの素読していた。若い時に感じ得なかったことどもが、歳を重ねるごとに理解を深めることができるようになった。『古典は難しい』と考える人たちに古典を学び、楽しむための一助となるだろう。

文明の衝突

サミュエル・ハンチントン
鈴木主税　訳
集英社文庫　924円（税込）

中国から朝鮮半島を経て島国である日本で花開いた文化を、独自の日本文明として捉えている。文明というものは、それぞれの民族が築き上げたいわば大きな城である。その城を守り次の世代へと引き継いでいくものではあるが、時代に即した現実というものもある。

スリー・カップス・オブ・ティー

グレッグ・モーテンソン、
デイヴィッド・オリバー・レーリン
藤村奈緒美　訳　サンクチュアリ出版
2,090円（税込）

国や民族を越え宗教が違えども、人と人との真心は通じ合い一つの家族ともなれるのである。世界の何処であっても平等なる教育を受ける権利があるが、なかなか難しい現実の中でなし遂げたその志は、崇高なものだ。今一度、他に対し手を差し延べることを考える機会として読んでほしい。

G&S Global Advisors Inc.
代表取締役社長

【橘・フクシマ・咲江】

たちばな　ふくしま　さきえ

清泉女子大学卒、ハーバード大学教育学及びスタンフォード大学経営学修士。ベイン・アンド・カンパニーのコンサルタント等を経て1991年コーン・フェリー・インターナショナル入社。日本支社長、会長を経て、2010年より現職。

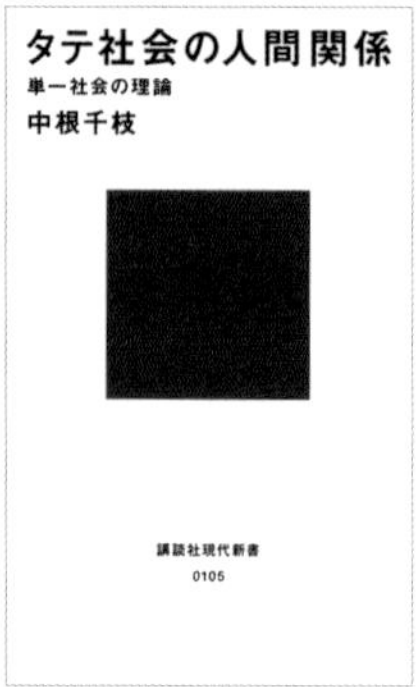

タテ社会の人間関係

単一社会の理論

中根千枝
講談社現代新書
880円（税込）

1970年代、米国の大学院で異文化間コミュニケーションを研究中に「日本とは」を教えてくれ、人財の仕事で日本人のグローバル人財が少ない理由を解明してくれた名著。グローバル化する世界で生きるために、2019年に出版された『タテ社会と現代日本』（講談社現代新書）も合わせて読んで欲しい。

selector's **voice**

源氏物語の学者で本好きの父が、庭に書庫を建てるほど大量の本を持っており、その反発からか「本好きの人とは絶対結婚しない」と思っていたのに、結婚した夫はそれ以上に本好きでした。「蛙の子は蛙」でした。

ごみ育
日本一楽しいごみ分別の本

滝沢秀一
太田出版
1,210円（税込）

芸人でごみ清掃員の著者が、ごみの分別について子どもでも分りやすく、クイズ形式で問いかける本。マイクロプラスティックによる環境汚染が問題となり、区の資料を読んでも不明だった分別が明確になり、まさに「未来への"ごみ"との付き合い方」を教えてくれる。

トレイルブレイザー
企業が本気で社会を変える10の思考

マーク・ベニオフ&モニカ・ラングレー
渡部典子 訳
東洋経済新報社　1,980円（税込）

話題のSDGs経営だが、ソフトウエア企業のセールス・フォース・ドットコム創業者が、企業の役割は「信頼」をもとに「成長」か「社会貢献か」という「2項対立」ではなく、「両立」であると説く。コロナ禍で社会の倫理観が問われる今、企業の在り方の参考になる。

ためしてみたい

ギフトにするなら
あえてラッピングせず
リボン結びで軽やかに

裏側も美しい

裏地さんがギフトによく利用するという「新政」のビジュアルブック『The World of ARAMASA 新政酒造の流儀』(三才ブックス)。ラッピングをすると堅苦しくなるので、直接リボンで結んでカジュアル感を演出。表紙とリボンの色味を合わせると、こんなにおしゃれ！

本こそギフトにおすすめ。選択肢が多いからあらゆるシーンで重宝します

本は贈る側のセンスが良くも悪くも反映されるので敬遠されがちですが、じつはちょっとしたギフトに最適。書店に足を運べばわかるように、本といっても小説から写真集、料理本、絵本とジャンルはさまざま。言い換えれば、差し上げる方との関係性やシチュエーションに応じて、柔軟にジャンルを選ぶことができるのです。

相手の好みがわからないときは、星占いや血液型占いの本がおすすめです。特に女性の場合、占いが好きな方は多いですし、何よりご本人の生年月日や血液型を覚えていたことに、とても喜んでいただけます。男性の場合は好みがはっきりしているので少しハードルが高いですが、お酒を飲まれる方なら、日本酒やシャンパンと一緒に関連する本を贈るのも粋ですよ。

実際、私も日本酒が好きな方には秋田の蔵元・新政酒造のお酒と一緒にビジュアルブック『The World of ARAMASA 新政酒造の流儀』を贈ることが多いです。

本の表紙はデザイン的に優れているものが多いので、ラッピングはせず（書店員さんに丁寧に包装していただくときは別ですが）、リボンを二重、三重に結んでシンプルに渡すのが好き。「いい本見つけたのよ」ぐらいのカジュアルな気持ちで贈るほうが、相手の方も重くなりすぎず、気持ちよく受け取っていただけます。

何かを差し上げるときのフレーズに「お裾分け」という言葉がありますが、私は代わりに「お福分け」と言っています。後者の方が福をみんなで分かち合う感じがして、幸せな気分になれるのです。ふとしたタイミングで大切な方に本を贈るのも、お福分けの気持ちからです。本を通して相手の方と幸せを共有。気軽に、そしてストレートに気持ちを伝えられるのも、本の魅力ですね。

監修：裏地桂子
ギフトコンシェルジュ／文筆家

雑誌や企画展などの商品セレクションをはじめ、ショップのプロデュースや商品企画などを手掛ける。食通、きもの好きとしても知られ、著書に『ほめられきもの宣言』（小学館）他多数。現在、東京・人形町を拠点に年間90日を愛媛・道後温泉の #道後別宅 にて2拠点生活。毎日更新のインスタグラム @k.uraji が人気。

♥こちらもおすすめ！

『ごきげん力８つの育て方
－運も縁も思うがまま－』
ワニブックス　1,320円

幸せを呼び込むためには自分自身が機嫌よくいることが大事！ 2015年に出版した自著なのですが、自分を見失っている方や落ち込んでいる方、これから社会に出る若い方にも喜んでいただける一冊です。

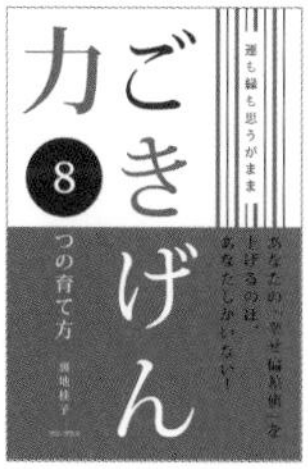

金龍山浅草寺中興第二十八世貫首

【田中昭徳《たなか しょうとく》】

1932年生まれ。武蔵野音楽大学卒業。54年清水谷恭順大僧正を戒師として得度。浅草寺一山妙音院住職、庶務部執事などを経て、2015年浅草寺中興第二十八世貫首就任。地方教育行政功労者。

慈悲

中村元
講談社学術文庫
1,100円（税込）

人を大切に思う心「慈」（友愛）・「悲」（哀憐）は仏教の根本であり、人が生きる上で最も大切なことである。この本はその慈悲の心がいかなるものかを深く解き明かし、慈悲の実践にあたりその方向への光を指し示す名著。人生の節々で読み返したい一冊。

selector's **voice**

私は人様の前でお話しする機会がありますが、読書の経験が大いにプラスになっています。良い本は、良い言葉の宝庫です。良い言葉を読み、それを口から発してお聞きいただく。本を源にして良い言葉が巡り行くようです。

浅草寺　雷門

それは
仏教唱歌から始まった

飛鳥寛栗
樹心社
2,860円（税込）

「サンブツ歌」をご存知だろうか。大正期の児童用楽曲集の題で「讃仏歌」と書く。音楽を親しんでいる皆さまにおすすめする一冊だ。この本を読んだら、きっと仏教唱歌への理解が深まり、仏教唱歌の世界に少し触れたくなるだろう。

念ずれば花ひらく

坂村真民
サンマーク出版
1,100円（税込）

若い方にも手に取っていただきたい一冊。忙しい方は全てを読まずともよいだろう。本を取ってページをめくる、を何回か繰り返すと、きっと心に響く言葉に巡り会えるはず。「念ずれば花ひらく」、今も私の胸に木霊する詩だ。

建築家　都市計画家

【團《だん》 紀彦《のりひこ》】

1956年神奈川県生まれ。東京大学工学部建築学科卒。代表作に日月潭風景管理処（2010年）、コレド室町（2010年）、台湾桃園国際空港第一ターミナル（2013年）。

selector's **voice**

最近完成した中国・浙江省寧波市の公園内のコンヴェンションホール。

CCA+ NINGBO UNIVERSITY Architectural Design Institute

見えない都市

イタロ・カルヴィーノ　米川良夫 訳
河出書房新社
945円（税込）

マルコポーロの東方見聞録を基にイタリア人のノーベル賞作家が架空の都市を記号論的な視点で記述した短編。視覚的世界がウェイトを占める現代でこれほどまでに視覚と空間感覚を刺激する文学は珍しい。

古代朝鮮と倭族

鳥越憲三郎
中央公論新社
858円（税込）

序文だけでも面白い。著者は日本人のルーツ「倭族」が日本列島以外、特に中国南西部の雲南から閩越にもいたことを古代中国の文献から立証する。縄文から弥生にかけての東アジア史にスポットを当てる名著。

動物農場
(Animal Farm)

ジョージ・オーウェル　山形浩生 訳
早川書房
770円（税込）

高校の頃読んだ本を改めて読み直してみたが、今こそ読むべき本だと思った。1945年に上梓されたこの本は著者のビルマやスペイン内戦などの経験から世界の欺瞞や社会主義国家における独裁者の登場など今に通ずる真理を風刺の中に描いている。

The Chain Museum 代表
株式会社スマイルズ代表取締役社長

【遠山正道】

とおやま まさみち

1962年東京都生まれ。慶応義塾大学卒。三菱商事に入社。2000年三菱商事初の社内ベンチャー企業「株式会社スマイルズ」を設立。「スープストックトーキョー」などを展開。

ニュー土木

横山裕一
イースト・プレス
1,255円（税込）

※電子版のみ

最高な本なのである。ニュー土木とは、ニューな土木だ。耳心地の良いセリフや感情を揺さぶるストーリーなど、受身に慣らされた読者は何かの決定を迫られるだろう。ここから現代アートに入れば、すでに上級者だ。

selector's **voice**

大正時代に建った群馬県北軽井沢のこのあばら屋で、一人過ごす時間はまさに至福であり私の大切な日常になっています。最近は目が悪く、本を読むのが不自由なのはつらいところですが。

トラベル

横山裕一
イースト・プレス
1,255円（税込）
※電子版のみ

外国の方や何の共通点もない人に贈るには最適である。何せ、言葉がない。まさに、旅そのものが提示される。移動を制限された現代人のために既に生まれていた作品。

民宿雪国

樋口毅宏
祥伝社
660円（税込）

プレゼントには最も向かない類の本。だが、電車内で読み始め、止まらなくて着いた駅のホームで立ち読みを余儀なくされた疾走感と極端な展開。嫌われるか、愛されるか。

<column>

読書と明かりのいい関係

あるとうれしい

程よい暗がりのなかでの読書は、本の世界を広げてくれます

　一日中、人工照明が煌々とついた空間で過ごしていると、表に出てリフレッシュしたくなりませんか？ これにはちゃんと理由があって、人間の体内リズムは太陽の光と大きく関係しているからです。私たちは日の出とともに目覚め、太陽が高い位置にあるときは活動的になり、夕暮れの後に食事やだんらんをして一日を終えます。この間、太陽の光は白色〜アンバー色と刻々と変化を続け、一瞬たりとも同じではありません。つまり、人間にとって徐々に変化する光こそが自然な状態であって、変化のない過剰な光にさらされた空間はストレスになるのです。

　この考え方は住環境にも言えます。日本では部屋の隅々まで

写真提供
1・4：「北欧スタイル no. 8」Photo by Shinichi Kimura
2・3・5：ルイスポールセン ジャパン

1. 北欧では暖かな光を必要な場所のみ照らすのが一般的。照明のデザインもインテリアの大切な要素。ペンダントはポール・ヘニングセン、テーブルランプはアーネ・ヤコブセンのデザイン。
2. 光の数は人の数。それぞれが使うスペースだけを個々に照らすことで、パーソナルな空間が生まれる。
3. 書棚スペースを美しく照らす「パンテラ フロアランプ」はヴァーナー・パントンがデザインしたもの。
4・5. 読書には程よい明るさがあれば十分。

明るく照らすことが良いと思われがちですが、これは片付いていない状態をさらけ出すようなもの。見たくないものまで見えてしまって、夫婦の仲もピリピリしがちに。同じ空間に同じ明かりの下で家族が過ごすのは、例えるならボクシングのリング上にいるような状態。闘争心に火をつけてしまうのです。北欧の住まいでは逆に、天井の照明を落とし、間接照明やスポットライトで一人ひとりの居場所を程よく照らしています。そうすることでそれぞれの空間ができあがり、心穏やかに、ひいてはお互いを尊重して過ごすことができるのです。明るすぎず暗すぎず、程よい暗がりの中では集中力や想像力が増すので、読書にもおすすめです。お気に入りのソファに腰掛けて、柔らかな照明で手元を照らせば、たちまち上質なパーソナル空間に。みるみる本の世界に入り込むことができるでしょう。

監修：ライティングデザイナー　内原智史

↓「選書p22-23」

何度でも手にしたくなる素朴な風合い

中川政七商店／手織り麻の文庫本カバー

昔ながらの手織りの麻生地を使ったブックカバー。独特なシャリ感が心地よく、麻ならではの凹凸が手にかかり、滑りにくいのも特徴。カバー裏には補強のための和紙を貼り合わせているので折りやすく、本に合わせて自由に折ることができる。深紅、瑠璃、海松藍の3色。

文庫本サイズ（右）H220×W370mm　1,100円／単行本サイズ（左）H260×W490mm　1,430円

※それぞれ目安のサイズより若干大きいものまで包むことができます。

あるとうれしい

読書をもっと快適にお役立ちアイテム

本の世界に浸るには環境も大切。読書を快適にサポートしてくれるグッズやお気に入りの小物があれば、気分が上がってより上質な時間が楽しめるはず。

読書のお供に

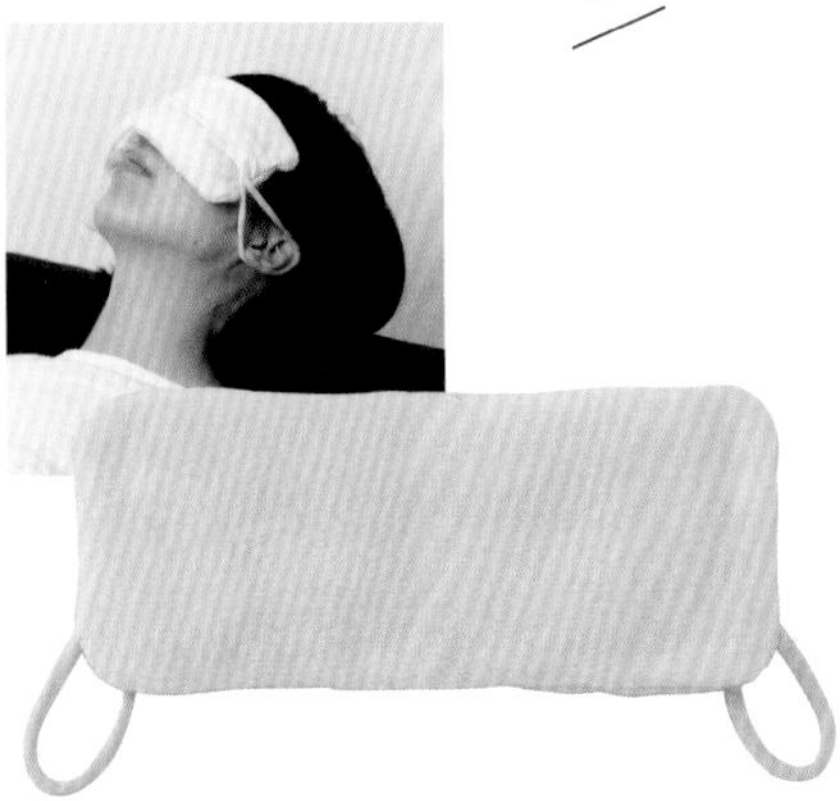

読書で疲れた目元をじわ～っとほぐす

中川政七商店／小豆の温熱アイマスク

北海道産の小豆を使用したアイマスク。天然蒸気の温熱が、目の奥までじんわり温めて癒してくれる。付属のカバーはオーガニックコットンのネル生地で、肌当たりも抜群。ゴムを耳にかければ横向きに寝たり、座ったままでもズレ落ちる心配がない。

ピローH90×W210mm／カバー約H95×W220mm　3,300円

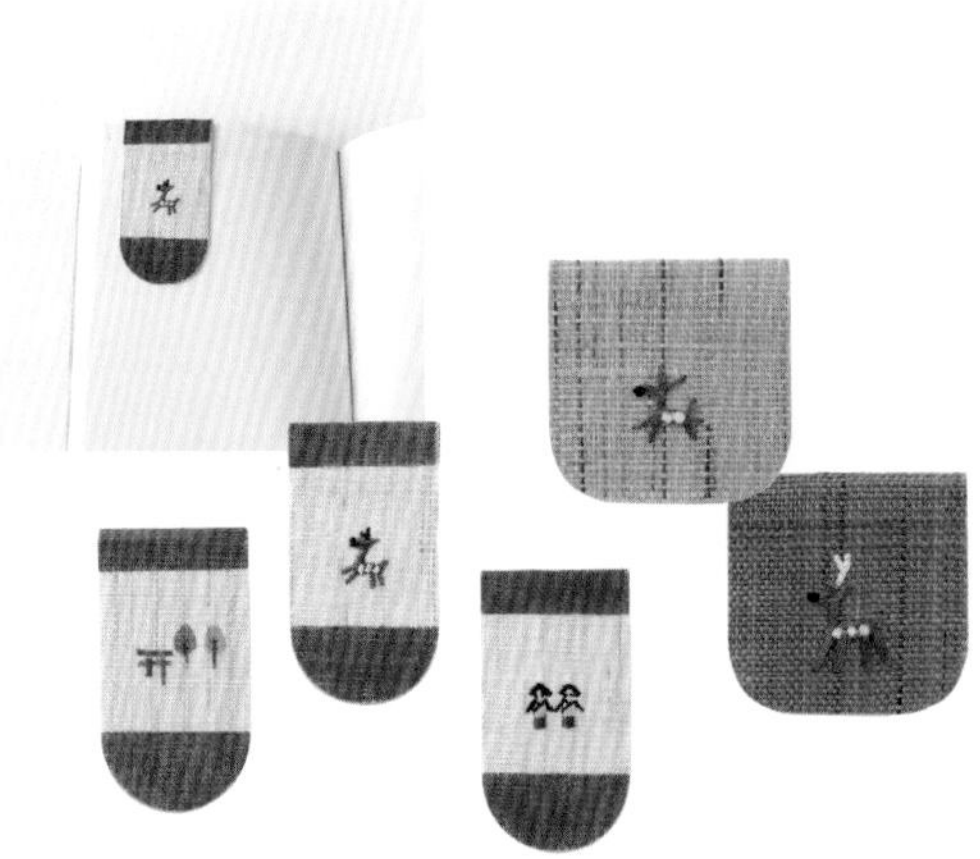

愛らしい刺繍が本を開くたびにお出迎え

中川政七商店／マグネットしおり

クリップタイプのユニークなしおり。裏にマグネットがほどこされているのでバッグに忍ばせてもズレ落ちる心配がなく、どこでも安心して使うことができる。奈良の鹿や伝統的な奈良絵をモチーフにした麻生地の刺繍が愛らしく、思わずにんまり。付箋やクリップとしても使用できる。

鹿の家族（右）H35×W35mm　715円（2個入り）／奈良絵（左）H60×W35mm　990円（3種各1個入り）

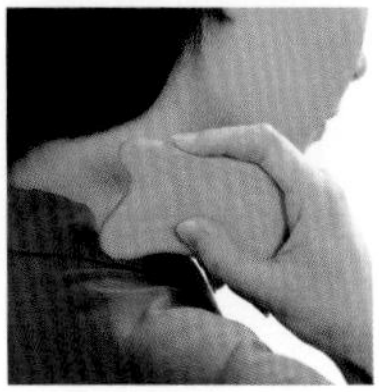

「凝ったな」と思ったら手軽にマッサージ

中川政七商店／揉みほぐしかっさ

読書に没頭していると、いつの間にか肩が凝っていた…なんて経験はない？ 肩や首筋のマッサージに便利なかっさは、国産の桜を使用。木のぬくもりが癒しを与えてくれる。手の中にすっぽり収まるちょうどいいサイズ感で、凝り固まった場所のツボ押しや揉みほぐしに◎。

約H60×W90mm 1,650円

※イメージは文庫本サイズです。

♥ 贈り物に

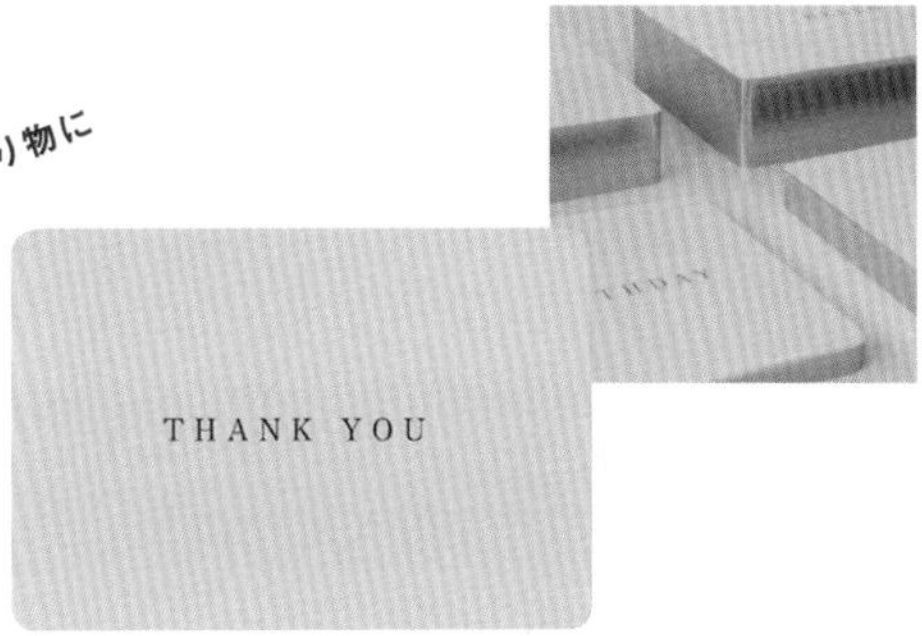

さりげなくこなれ感を演出するなら

THE ／ THE POST CARD

THANK YOU、ありがとう他、9種類のメッセージを箔押しで印刷したメッセージカード。スタイリッシュなデザインで、性別や世代を問わず使うことができる。カードの縁にほどこした金色の箔が華やか。本に添えれば、ワンランク上の贈り物になりそう。

H100×W148mm 各165円（1枚）

♥ 贈り物に

使い方いろいろ

贈る人も受け取る人も笑顔になる封筒

大成紙器製作所／ BOOK PACK

紙の道具「紙器具（しきぐ）」を展開する老舗メーカーによる、本を贈るための専用封筒。本のジャンルを選ばないシンプルなデザイン。封筒の表面には宛先やメッセージ、イラストなど自由に書くことができる。本好きの人に贈ったら喜ばれること間違いなし！

小（文庫本・コミック本などに対応）770円／大（四六判・A5判などに対応）880円

問い合わせ先：中川政七商店　直営店舗 https://www.nakagawa-masashichi.jp/shop/pages/inquiries.aspx

かわいいラッピングにも注目！

DEAN & DELUCA　リッパ バーチ ディ ダマ

イタリア・ピエモンテの伝統的な焼き菓子。"貴婦人のキス"と呼ばれるチョコサンドクッキーは、サクサク生地と濃厚チョコレートクリームの相性バッチリ。個包装なので手も本も汚れにくくて安心。

ヘーゼルナッツ×レモン 8pcs　1,080円

あるとうれしい

読書のおいしいパートナー

小腹が空いた時、ちょっとつまめるものがあると読書時間はますます豊かでハッピーに。手や本を汚さず食べられる、一口サイズのお菓子＆こだわりドリンクはいかが？

甘酸っぱいいちごが癖になる

DEAN & DELUCA　ルビーチョコレート ディップド ストロベリー

フリーズドライしたいちごを色鮮やかなルビーチョコレートでコーティング。チョコレートの上品な甘みといちごの程よい酸味が口中に広がる贅沢スイーツ！ 食べ出したら止まらない!?

1,296円

サクサク食感が
美味！

香ばしいナッツの風味が後を引く

レズリーストウ　レインコーストクリスプ

ローズマリー、レーズン、ピーカンナッツなどがぎっしり入った自然派クラッカー。優しい甘みのあとにローズマリーの爽やかな香りが鼻に抜けていく、風味豊かな一品。サクサク食感が読書の気分転換に◎。

ローズマリーレーズンクラッカー　1,512円

貴腐ワインの芳醇な香りに浸りながら

レザンドレ・オ・ソーテルヌ

貴腐ワインに漬けた白ぶどうをチョコレートでコーティング。貴腐ワインのリッチな香りとフルーティなぶどうの風味が口いっぱいに広がる、大人のためのチョコレート。
150g 2,376円

大人のための
スイーツ

華やかな香りと味わいに癒される

DEAN & DELUCA コーディアルシロップ

コーディアルとはイギリスの昔ながらのハーブドリンク。炭酸水で割ったり、砂糖やはちみつ感覚で紅茶に足すのもおすすめ。香料や保存料などの添加物は不使用。素材そのもののおいしさを堪能して。
ザクロ&ラズベリー（右）／ピュアジンジャー（左）
各1,728円

気分に応じて お気に入りの味をチョイス

DEAN & DELUCA ティーセレクション

定番のアールグレイの他、DEAN & DELUCAオリジナルのお茶3種を2パックずつ組み合わせたアソートメント。その時々の気分に合わせて選べるのがうれしい。ギフトにもぴったり。
クラシック6bag 1,080円

問い合わせ先：DEAN&DELUCA https://store.deandeluca.co.jp/

十三代中川政七

【中川政七】

なかがわ まさしち

1974年生まれ。京都大学法学部卒業後、富士通株式会社を経て、株式会社中川政七商店に入社。2008年に社長に就任、2018年より会長。業界初の工芸をベースにしたSPA業態を確立し、業界特化型の経営コンサルティング事業を開始。現在は奈良にて産業観光によるビジョンの実現を目指している。

ハイ・コンセプト 「新しいこと」を考え出す人の時代

ダニエル・H・ピンク　大前研一 訳
三笠書房
2,090円（税込）

2006年に日本で発売された書籍だが、今こそ読むべき本だと思う。ダニエル・ピンクは本当に未来が見えているんだな〜と思う。全ての生活者に贈りたい一冊。

selector's **voice**

本を読むときに欠かせないものは、ハンス・ウェグナーがデザインしたCH25（カールハンセンアンドサン）。最近引っ越したのですが、この椅子を起点に内装を完全リノベーションしました。

著書に『日本の工芸を元気にする！』（東洋経済新報社）など多数。

Learn Better

アーリック・ボーザー　月谷真紀 訳
英治出版
2,200円（税込）

アメリカで研究が進む「学習学」を解説した本。日本の教育がいかに非科学的で時代遅れかを強く感じさせる。すべての教育者と親に贈りたい。

ビジネスの未来

山口周
プレジデント社
1,870円（税込）

資本主義と文明化の限界から新たな「高原社会」への軟着陸が提示されながらもまだ社会課題をビジネスで解決する余地を感じる。これからの時代の経営者に贈りたい一冊。

建築家

【長坂《ながさか》 常《じょう》】

スキーマ建築計画代表。1998年東京藝術大学卒業後にスタジオを立ち上げ、国内外で活動の場を広げる。家具から建築、町づくりまでスケールもさまざま、ジャンルも幅広く手掛ける。

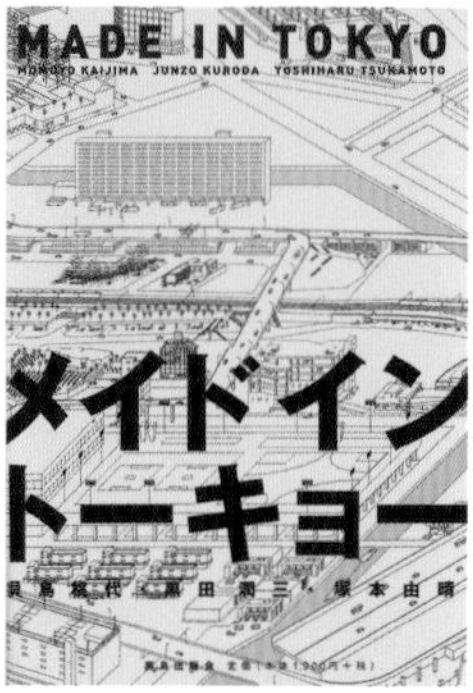

メイドイントーキョー

貝島桃代、黒田潤三、塚本由晴
鹿島出版会
2,090円（税込）

なんとも表現し難いんだけど、東京は東京らしくて面白いよねって片付けられがちなところ、このメイドイントーキョーは一つの東京の面白さを分析、解説してくれている。この本を読んでから東京の町を見ると少しワクワク具合が変わる。

selector's **voice**

今年4月オープンしたJINSシエスタハコダテ店の内装デザインを担当。卵パックから着想を得て作った再生パルプ圧縮什器をメガネの展示台に採用し、金属の枠組みが生み出すスタイリッシュで洗練された雰囲気に温かみを添えています。

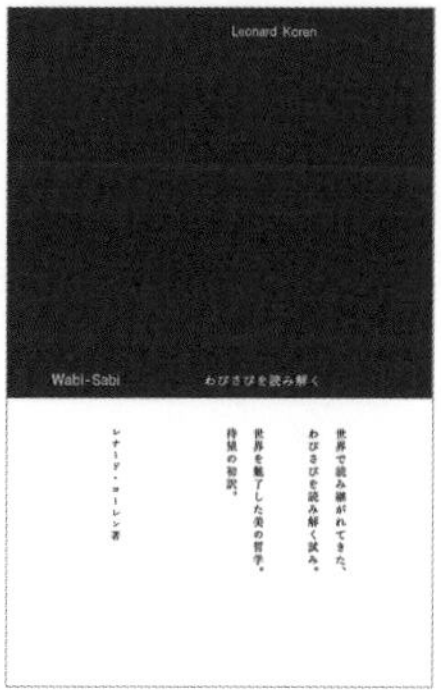

Wabi-Sabi
わびさびを読み解く

レナード・コーレン　内藤ゆき子 訳
ビー・エヌ・エヌ新社
2,200円（税込）

「わびさび」と聞くと理解できるが、自分の説明に利用しようとすると途端に自信がない。そんな言葉の意味を丁寧に説明してくれる本。自分の表現と少し結び付けて考えられるようになった。

木に学べ

西岡常一
小学館
607円（税込）

僕が最初に建築に興味を持った時にいとこが教えてくれた本。読みながら興奮して、危うく宮大工の学校を受けようかと思ったことがあった。この本を見てから法隆寺などに行くと見方が変わって面白いはず。

ピアニスト

【仲道郁代】

なかみち　いくよ

日本で最も求められ続けているピアニストの一人。ジュネーヴ国際音楽コンクール最高位等国内外のコンクール受賞歴多数。2018年に開始された10年にわたるリサイタル・シリーズ「The Road to 2027」は、全国で開催され、好評を博している。

音楽の危機
《第九》が歌えなくなった日

岡田暁生
中央公論新社
902円（税込）

音楽（クラシックを核とした）のコロナ禍におけるリアルな状況を、その渦中に記したもの。社会の中での音楽の意義、供給のあり方の歴史的な考察を踏まえ、これからの私たちがどう音楽を享受するのか、音楽家は何を伝えていくものなのかについて論じている。

selector's **voice**

私にとっては、言葉で本を読むことも、音符で楽譜を読むことも同じような感覚を持っています。双方とも未知の豊かな世界を感じさせてくれます。

私が所有しているベートーヴェンのピアノ・ソナタの楽譜。飛行機移動の際には機内に持参するほど大事にしています。

危機を生きる―哲学

斎藤慶典
毎日新聞出版
2,530円（税込）

死という状態を私たちは経験し得ないけれど、無くなるということは知っている。”無い“に対して今”在る“。死を内包し生きることをも超えて”在る“。”在る“は味わうことにより認知されるということを、美術や文学などの幅広い例を紐解きながら説いている。

スーホの白い馬

大塚勇三　赤羽末吉 画
福音館書店
1,540円（税込）

馬を楽器にしてしまうなんてと子どもの頃悲しかった。その悲しみは、今、ピアノの音から聴こえてくる、感じられる作曲家の思いと重なる。”生きている“ことの諸相が音楽から聴こえてくるのだと思うし、私はそれを奏でたいと思う。

1

INTERVIEW

本×デザイン

デザイナー

コシノジュンコ

人生つねに進歩が大切。
感性磨きに本は欠かせません

普段から自分の好きor嫌いの気持ちを大切にしています。というのも、知人からすすめられたものは、結局その人のフィルターを通して良いと思ったものなので、どこか違和感を覚えがち。それよりも自分自身の直感を信じて、興味のあるものだけを選択していったほうが、外れることが少ないからです。ファッションも同じです。本当に気に入った服は、何年経とうと色褪せず、いつ袖を通してもワクワクした気分になります。だからたとえ高価な服でも、これから何年も着ると思えば安いもの。流行を追うのもいいけれど、好きなファッションを貫いた方が楽しいと思うのです。

私の考えは白黒ハッキリしているので、何かを差し上げる際は逆に躊躇してしまいます。お互いのことをよく知っている間柄ならまだしも、趣味嗜好がわからない方に、自分の良かれと思ったモノを差し上げても迷惑にならないかなと不安になってしまう

2

3

コシノジュンコ　こしの じゅんこ

ファッションデザイナーの登竜門「装苑賞」を最年少で受賞。1978年から22年間パリコレクションに参加。以降、ニューヨーク、北京、キューバなどでショーを開催し、ファッションを通じた国際的な文化交流に力を入れる。2025年日本国際博覧会協会シニアアドバイザー、文化庁「日本博」企画委員。2017年文化功労者。21年フランス最高勲章のレジオン・ドヌール勲章ジュバリエを受勲。TBSラジオ「コシノジュンコMASACA」でパーソナリティを務める。

1. 大好きな美術書の数々。
2. 第34回東京国際映画祭のビジュアル監修を手掛けた。
3. 自宅ではお気に入りの椅子で読書を楽しむ。

のです。そのため、私はなるべくモノよりも情報を差し上げるようにしています。情報はいろいろな意味で重くなくていいですしね（笑）。自分の考えと共鳴する本に出会った際も、つい誰かに教えたくなってしまいます。最近感動したのは『「縮み」志向の日本人』（講談社学術文庫）。著者の李御寧さんの日本人に対する視点が鋭く、さまざまなことを考えさせられました。

海外へ行く飛行機の中や新幹線での移動時も、必ず本を数冊持参します。移動中は一人になれる貴重な時間なので、読書に没頭できますからね。お天気の良い休日の朝は、自宅でコーヒーを飲みながら本の世界に浸るのも大好きです。近年は新型コロナウイルスの影響で海外に気軽に行けませんが、パリの別宅に滞在する時は、美術館を巡り、美術書を買って帰るのがお決まりになっています。美術書はまさにアート！　紙の質感や文字のフォントや写真の大きさ、すべてのバランスが完璧で、見て読んで二度楽しむことができます。

人生は、つねに変化していないと進歩がないと思っています。だから過去を振り返っている時間なんてありません。目の前の未来とより良く向き合っていくために、いつもアンテナを高く張り、感性を磨くように心掛けています。その一手段として、本が欠かせないのです。

♥ ギフトにおすすめ！

『コシノジュンコ 56の大丈夫』

世界文化社　1,980円

『執着をなくしたときに、運はやってくる』『好奇心は若さの秘訣』他、失敗も逆境も力に変える、私なりの56の言葉を一冊にまとめました。コロナ禍で先の見えない時代にある中、拙著が何かしらの支えになればいいなと思っています。

『眠れなくなるほど面白い哲学の話』

リベラル社　1,540円

じつは、著者である中谷彰宏は私の親戚。身内だから紹介するわけではありませんが、数ある彼の著書のなかでもこの本はお見事です。2500年におよぶ哲学の思想を独自の切り口でわかりやすく解説していて、普段の生活にいかせる内容になっています。人生のヒントにぜひ！

コラムニスト

【中村孝則《なかむら たかのり》】

服飾、旅、食などをテーマに雑誌やテレビで活動。現在「世界のベストレストラン50」の日本評議委員長も務める。日本文化にも精通し、剣道教士七段、大日本茶道学会茶道教授。著書に『名店レシピの巡礼修業』（世界文化社）など。

フランス料理と批評の歴史

八木尚子
中央公論新社
2,420円（税込）

美食におけるフランス料理の優位性は作り手の技術だけでなく、食べるという行為を体系的、分析的に捉えようとしたフランスの批評精神が大きく関わっていると同書は指摘する。日本において美食を批評の対象として文化的に成熟させる意味でも、改めて読むべき本。

selector's **voice**

飛行機の中で本を読むのが旅のもう一つの楽しみです。仕事の出張なら現地の美食ガイドと共に文化や歴史に関する本を買い込みます。機内は電話やSNSなどに煩わされず没頭できる、私にとって最良の書斎です。

2021年3月、アジアベストレストラン50にて

随園食単

袁枚　青木正児 訳・註
岩波文庫
924円（税込）

著者の袁枚（1716年〜97年）が、70歳を超えて編纂した中国料理の美食本。時代背景が近いことから、西のブリア・サヴァランに対して東の袁枚と呼ばれる。人生をかけ美味珍味を求めて遊歴した後にまとめ上げた、300を超える料理のレシピと解説は満腹にして抱腹。

最後の晩餐

開高健
光文社
770円（税込）

食に関して膨大な文章を残した開高健。同著は自身の経験も交えながら、古今東西の珍味、美味、雑味から果ては喫人まで、その豊穣かつ饒舌な圧倒的なパワーで縦横無尽に語り尽くす食べ尽くす衝撃の一冊。

ブックディレクター

【幅 允孝】

はば よしたか

有限会社BACH（バッハ）代表。人と本の距離を縮めるため、さまざまな場所でライブラリーの制作をしている。最近の仕事として、早稲田大学国際文学館（村上春樹ライブラリー）での本の分類・選書・配架。

えーえんとくちから

笹井宏之
筑摩書房
748円（税込）

短歌界の彗星のような人だった。2009年に26歳で亡くなった後も、彼の言葉とそのリズム、余韻は多くの人を惹きつけている。人と人、物と物の間にある、見えない透明な糸を繊細に手繰り寄せ、31音の中に結実させる。何だかおいしそうな歌が多いのでは？と個人的には思っている。

selector's **voice**

京都左京区の山の中に、私設図書館＋喫茶を作っています。場所の名前は「鈍考」（donkou）と言います。そこでは脳内回転数を落として、ゆっくり本と向き合いたいです。

よつばと!

あずまきよひこ
KADOKAWA

2003年から続く、狂気と奇跡のマンガ。狂気の部分を感じるのは、1コマにかける時間と作業量がマンガの領分を超えた凄みがあること。一方で、その仕事の熱さを微塵も感じさせず、子どもの純真さを愉快に優しく描く物語の在り方が奇跡だと思っている。

おばあちゃんのはこぶね

M.B.ゴフスタイン　谷川俊太郎 訳
現代企画室
1,650円（税込）

いつも小さな判型の本を作るゴフスタイン。彼女は芸術家や職人の仕事を短く慎み深い言葉と絵で伝えてくれる。本作は、ある女性の人生において、たくさんの人や時間が通り過ぎていった後、残る何かについて語る絵本。余韻も美しい。巻末のゴフスタイン最期のメッセージも心に響く。

INTERVIEW

本×いけばな
華道家 池坊美佳

本を贈る気持ちは、いけばなの心に通じるものがあります

じつは、子どもの頃は自分からすすんで読書をする子ではありませんでした。母と姉は私とは逆で、少しでも時間が空くと本を開く読書家。そのため、二人とも良書に出会うと、私によくすすめてきました。「あなたも読んで」と、私の部屋の前に読み終わった本を置いていくのです。山積みになったそれらを、一冊一冊読み通していくのが私の習慣になり、おかげで気付けば私もすっかり本の虜になっていました。

紙の本はページをめくるときの感触や独特の香りがたまりません。本屋さんも大好きで、よく立ち寄ります。普段は推理小説や医療系の専門書を好んで読むのですが、書店員さんが描くポップの上手さに惹かれてジャンルに関係なく買うことも。普段手に取らないような本を読むと、新たな世界を知るきっかけになりますし、自分の幅が広がるような気がしてとても勉強になります。昔読ん

池坊美佳 作

だ小説のワンシーンや印象的な言葉が、いけばなの作品作りのヒントになることもあります。

本をお贈りするのは、差し上げる方の顔がふと思い浮かんだ時が多いです。何気ない日常の中でサプライズするのが好きで、相手の方が喜んでくださる顔を想像すると、つい贈りたくなってしまうのです。私は常々、本をギフトに誰かの幸せを願う気持ちは、いけばなの心に通じるものがあるなと思っていました。室町時代に成立したいけばなは、愛する人や病で苦しむ方への祈りの気持ちを込めて仏様に花をお供えしたのがはじまり。今でこそ敷居の高いイメージがありますが、本来は生活に密着した文化だったのです。およそ550年の歴史を持つけばなは、現代のライフスタイルによく合う自由花※が人気を博しているように、時代のニーズに合わせて変化を遂げてまいりました。ただ、その根幹にはいけばなの精神である大切な人を思う心、すなわちおもてなしの心がしっかり根付いており、私どもは四季折々の草花を用いて見てくださる方の心に訴えてきました。ギフトといけばな、スタイルは異なりますが、喜んでくださる方々の笑顔は、私にとって何よりの喜びなのです。

私がまだ幼い頃に読んでくれた本を、姉が自分の子どもたちに読み聞かせしている姿を見て、本の偉大さを実感しました。時代を超えて一冊の本が読み継がれていく。日本の伝統文化であるいけばなも、良書のように今後も受け継がれていくように、ますます尽力していきたいと思います。

※自由花…定まった型はなく、草木の形状や質感に目を向けながら文字通り自由にいける様式

池坊美佳　いけのぼう みか

1970年、華道家元45世池坊専永の次女として生まれる。92年佛教大学卒業後、華道家元池坊総務所に勤務。青年部代表として、会員との交流や国内外のイベントを通じていけばなの振興に励む。93年皇太子ご成婚の「宮中饗宴の儀」における宮殿のいけばなの挿花に参加。94年には京都三大祭のひとつ「葵祭」の第39代斎王代を務めた。著書に『永田町にも花を生けよう』(講談社)がある。

東洋大学水泳部監督
競泳日本代表元監督

【平井伯昌】

ひらい　のりまさ

東京五輪競泳日本代表ヘッドコーチ。早稲田大学社会科学部卒。1986年に東京スイミングセンター入社。2013年から東洋大学水泳部監督。同大学法学部教授。

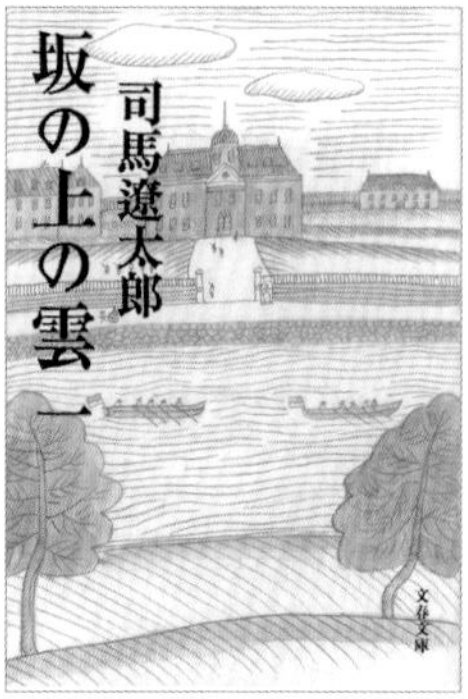

坂の上の雲　全8巻

司馬遼太郎
文春文庫
770~803円（税込）

合宿には必ず携行し読み返す。重要な勝負毎に読み返す箇所が異なり、この度の東京五輪では、日本海海戦の七段構えの戦法を編み出すような状況だった。正岡子規が秋山真之に「運用が日本人であれば、それは日本式ぞな」と一言。日本競泳は日本人の運用で金メダルを取るというプライドを持って今回も五輪に臨んだ。

selector's **voice**

日本の国立スポーツ科学センターやスペインの高地合宿所で選手を教えながら、部屋で読みこむのです。

ローマ人の物語
全43巻

塩野七生
新潮文庫

ユリウス・カエサルの言葉で「一つの目的のためだけに物事を行わない」「みな全ての物事が見えているわけではなく、見たいと思う現実しか見ていない」というのがある。しかし見たいものも、見たくないものもあるのが現実であり、その全てを受け止めて意思決定を行うということを、代表監督を務める上で心掛けていた。

超訳　ニーチェの言葉

白取春彦 編訳
ディスカヴァー・トゥエンティワン
1,870円（税込）

自分自身の心も持ちようで自分自身の生き方を変えることができる。人生を楽しく生きるのも考え方次第だなんて気持ちにさせてくれる。「計画は実行しながら練り直せ」なんて、自分自身が常に考えていることが書いてあったりするので、読んでいてうれしくなる。

家具職人・デザイナー

【松岡茂樹】

まつおか しげき

1977年生まれ、東京都出身。22歳で家具職人の修行を開始し、2003年に家具工房KOMAを起ち上げる。2015年以降世界各国のデザインアワードを獲得。2020年には厚生労働大臣より「現代の名工」として認定され表彰される。

蒼穹の昴　全4巻

浅田次郎
講談社文庫
770～792円（税込）

清代の中国を舞台にした長編シリーズの第一弾。人の絆や感情の動き、交わる時間や空気の色まで、目に映らないはずのものがありありと見えてくるようで、活字の力って凄い！とあらためて思える。いつも小説を持ち歩くきっかけとなった作品。

selector's **voice**

試作で作った椅子長時間の座り心地を確かめるために、読書の時間を利用。そんなことも忘れて本に没頭できた時、その椅子の設計は合格だと判断しています。

形の素

赤木明登、内田鋼一、長谷川竹次郎
カルチュア・コンビニエンス・クラブ
2,750円（税込）

家具のデザインをしていて迷子になったら開く本。さまざまな時代や国の骨董品が丁寧に紹介されていて「いつか自分もこんなものがつくれるようになりたいな」と素直な気持ちでつくり手の原点に戻れる一冊。ものづくりに関わる人に贈りたい。

紋の辞典

波戸場承龍、波戸場耀次
雷鳥社
1,650円

家紋はどんなに複雑な図柄も「円」と「直線」だけで描かれ、円は縁や宴といった大和心を、線は筋の通った心意気を表している。余分を極限まで削ぎ落としたデザインの中に、心を表し情をも動かす日本の美意識が感じられて、日本って素敵な国だなあと思える一冊。

タベアルキスト

まっきー　まきもと

【マッキー牧元】

1955年東京都生まれ。国内海外を、年間600食ほど食べ歩き、食情報を発信。『味の手帖』『食楽』他、連載多数。「日本橋 街大學」講師、「日本鍋奉行協会」顧問。最新刊は『超一流のサッポロ一番の作り方』（ぴあ）。

安閑園の食卓

私の台南物語

辛永清

集英社文庫

704円（税込）

古き良き台湾の食風景物語。そこには作る人へのたゆまぬ愛があり、読むだけで人々と笑いながら食べた気になる。

selector's **voice**

仕事柄、食に関わる本が圧倒的に多い。そのため読みながら想像力を掻き立てられる状態、つまり満腹時と極端な空腹時を避け、好きなお茶かおちゃけをやりながら、一人静かに読みふけるのです。

春情蛸の足

田辺聖子
講談社文庫
660円（税込）

大阪人が愛してやまない料理を題にした小物語。思わず涎が出る卓越した描写で、社会学、文化人類学の面からも考察している。

食卓一期一会

長田弘
角川春樹事務所
748円（税込）

食にまつわる詩集。料理や食材に対しての美しく慈愛に満ちた言葉が、体の中に降り積もっていく。改めて食に感謝し、真摯に向き合おうと考えさせられる。

キャスター　エッセイスト

【南　美希子】

みなみ　みきこ

東京都生まれ。大学3年の時アナウンサー試験に合格し、テレビ朝日アナウンス部入社。9年後に独立し、以降もテレビ・ラジオ・執筆・講演・司会などで活躍。テレビ番組のコメンテーターとしてもおなじみ。

どんなにきみがすきだかあててごらん

サム・マクブラットニィ 文
アニタ・ジェラーム 絵　小川仁央 訳
評論社　1,430円（税込）

小さな茶色うさぎと大きなうさぎがそれぞれを想う気持ちを、言葉や全身を使った表現で競い合う。息子の幼少期に読み聞かせた、1万冊の絵本の中でも忘れがたい一冊。出産のお祝いに必ず添える。

selector's **voice**

私自身は仕事柄、多くの資料本を読みこなさなければならず、近年は電子書籍を片端から購入し、拾い読みする毎日です。今回この企画にあたり、たまにはじっくり紙の本に親しんでみようと思いました。

風の又三郎

宮沢賢治　小林敏也 絵
パロル舎
2,200円（税込）

宮沢賢治の作品の中で最も好きな一冊。この本を開くと、いつも草を渡る風の匂い、谷川のせせらぎなどが体感できるような気がする。自然の素晴らしさや脅威、友達とのドキドキするような交流など、眠っていた子ども時代の記憶が鮮やかに呼び覚まされる、大人に贈りたい絵本の筆頭。

※本書は「好学社」HPよりお求めください

成功の実現

中村天風
日本経営合理化協会
9,680円（税込）

長年、中村天風師の教えを記した本を座右の書としてきたが、圧巻なのがこの一冊。心の態度は常に積極的に保ち、一旦描いた理想は固く把持しなければならないという真理を素直に受け入れられる。誰かを励ましたいときに。

INTERVIEW

本×花

株式会社パーク・コーポレーション代表取締役
井上英明

本も花も気軽にぱっと手渡し、それが私のスタンスです

海や山をイメージしていただければわかるように、自然界には直線というものは存在しません。風船も同じで息を吹き込んで圧力をかけるとはじめて丸くなります。つまり何かしらのストレスを与えることで、ようやく直線や円になるのです。一方で、私たちが普段暮らしている世界は直線ばかり。言い換えれば、無意識のうちにストレスやプレッシャーのかかった形の中で生きていることになります。さらに言えば、自然界には美しい花の色や自然の香り、風や鳥、虫たちの動きも存在します。市街地にいると、ほとんど意識しませんよね。

人工物に囲まれた都会での暮らしを快適にするためにも、住まいに花やグリーンを添える意味はとてもあると思います。たとえば自宅のダイニングテーブルに一輪の花を飾るだけで、その場の空気がパッと華やぎ、心にもゆとりが生まれます。バラ、ユリ、スイートピー…ふとした瞬間にただよう花の香りもたまりません。

自然を感じる空間だと心身ともにリラックスできる

井上英明　いのうえ ひであき

1963年佐賀県生まれ。87年早稲田大学政治経済学部卒業後に渡米。ニューヨークの会計事務所を経て、88年12月に(株)パーク・コーポレーションを設立。93年南青山に『青山フラワーマーケット』をオープン。現在、全国に約120店舗を展開。カフェ事業やスクール事業も展開。

♥ ギフトにおすすめ!

『Flowers』

ロバート・メープルソープ

アメリカの著名な写真家、ロバート・メープルソープの花をテーマにした写真集。どの作品も素晴らしく、気に入った写真を切り取って額装して贈ると喜ばれます。私の自宅でも何点か額に入れて飾っています。

「粗にして野だが卑ではない」
石田禮助の生涯

城山三郎　文春文庫　660円

78歳で財界人から国鉄総裁になった石田禮助氏。彼の『卑ではない』人生を貫き通す一徹さ、男として憧れます!

ので、私は写真集やアート本などの感性に訴える本をよく読みます。パラパラとページをめくっているだけでもさまざまな気付きがあり、思わぬ発想が浮かぶこともあるのです。逆に、左脳を使うビジネス書を読むときは、移動時の飛行機の中など、完全に集中できる場所を選びます。紙の本のいい点は、思ったことをじかにどんどん書き込めるところ。おかげで私のビジネス書はどれも重要な行に蛍光ペンでマークされていたり、メモされていたりで賑やかなんです（笑）。だからビジネス書を読むときはペンが欠かせません。

　昔買った古い本を何度も読み返すのも好きで、中村天風氏や宇野千代さんの本は座右の書にしています。ほかにも自分が感銘を受けた本は、まとめて何冊か購入して息子や社員たちに配ることもあります。とくにかしこまってギフトとして贈るわけではなく、どちらかと言えば「これ、いい本だよ」ぐらいの、ラフな感じで手渡しすることが多いですね。何の前触れもなくいきなりプレゼントするスタンスは、花の場合も一緒です。誕生日や結婚記念日など、何か特別な日に用意するのは、相手側にもともと期待値がある程度あるわけで、まあ、それなりに喜んではくれます。でも、何でもない日、つまり相手の期待値ゼロの時に突然花束を渡すと、それはそれは、とても感動してくれるわけです。

　本も花もぱっと手渡す。このサプライズ感が私は大好きです。

オリックス株式会社　シニア・チェアマン

【宮内義彦】

みやうち　よしひこ

1935年神戸市生まれ。オリックス社長、会長、グループCEOを歴任。日本プロ野球球団オリックス・バファローズのオーナー。

21 Lessons

ユヴァル・ノア・ハラリ　柴田裕之 訳
河出書房新社
2,640円（税込）

これからの世界はどうなるのか。誰もが知りたい未来について、最高の碩学による21講の思索。明日を拓く若者にぜひ読んで考えてほしい。

selector's **voice**

私の読書の友はクラシック音楽です。静かで刺激の少ないクラシックのCD。音量を小さくしてゆっくり寝椅子で本に向かう。楽しく集中するとCDが終わっているのも気付かないまま、時間が過ぎていきます。

「現金給付」の経済学

井上智洋
NHK出版
968円（税込）

30年に及ぶ日本経済の停滞。格差の拡大は続き直近ではコロナ敗戦。対処療法、従来の施策ではなく根本的な改革が求められる。本書はその処方箋を記したもの。ぜひ広く読んでほしい。

昭和史

半藤一利
平凡社
990円（税込）

歴史を学ぶ重要性は言うまでもない。明日の指針となるのは近現代史を十分知ることが第一歩。学校ではほとんど教えない昭和史。若い人全てが学んでほしい。

ギタリスト

【村治佳織《むらじ かおり》】

15歳でCDデビュー。NHK交響楽団をはじめ国内外主要オーケストラとの共演多数。2003年イギリスのDECCAと日本人初の長期専属契約を結ぶ。出光音楽賞、村松賞等受賞歴多数。2018年リリース『シネマ』は2回目のゴールドディスク大賞を受賞。

【作品】
2018年制作のアルバム。ギター1本で表現する映画音楽の世界。4本のギターを曲ごとに弾き分けている。ジャケット撮影は操上和美氏によるもの。

selector's **voice**

古くて素敵なクラシック・レコードたち

村上春樹　文藝春秋
2,530円（税込）

村上春樹さん所有のクラシック音楽のレコードの中から選ばれた486枚。一つの曲ごとに複数の指揮者や奏者のレコードが紹介されている。世の移り変わりに流されず、レコード蒐集と鑑賞を続けられてきた村上さんの言葉の深み。クラシック音楽を聴くことが好きな人はもちろんのこと、これから聴いてみたいと興味を持っている人におすすめしたい。

向田邦子の恋文

向田和子
新潮文庫
506円（税込）

向田邦子さんの存在は本か雑誌で知ったと思う。直接存じ上げなくても不思議と力をもらえる人生の先輩であるお姉さま。その方が生涯秘めていた恋。太田光さんのあとがきも素敵。人生の後輩がもし道に迷っていたら、すっと手渡ししたい一冊。

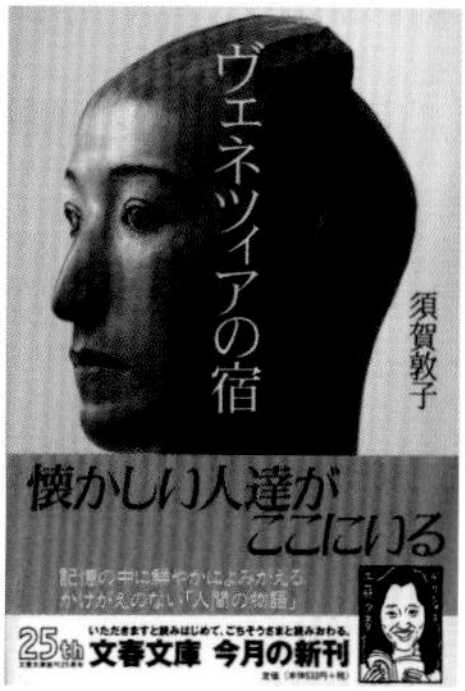

ヴェネツィアの宿

須賀敦子
文春文庫
660円（税込）

ノンフィクションものが好きとお伝えしたところ、作家の方から「それだったらこちらもおすすめ」と贈っていただいたこの本。丁寧に記憶と向き合っている作者の御心。私にとっては本を贈られる喜びを象徴する一冊。受けたバトンをまたどなたかに渡したい。

脳科学者

【茂木健一郎】

もぎ けんいちろう

2005年『脳と仮想』（新潮社）で第4回小林秀雄賞を受賞。2009年『今、ここからすべての場所へ』（筑摩書房）で第12回桑原武夫学芸賞を受賞。

selector's **voice**

本は、移動中に読むことが多いです。いつでもどこでも、本を開いた瞬間に、違う場所に飛んでいくことができます。本はタイムマシンであり、瞬間移動装置。いつでも、私の脳の中には本だけの場所があります。

六代目圓生コレクション

寄席育ち

三遊亭圓生
岩波書店
1,738円（税込）

大名人の落語家がどのように生きてきたか、その芸を磨いてきたかという一代記。話術の達人がいかにいきいきと自分の人生を語ることか。言葉の響きに、生きているっていいな、日本語っていいな、落語っていいなと愛が深まる本。

自分だけの部屋

ヴァージニア・ウルフ　川本静子 訳
みすず書房
2,860円（税込）　※版元品切

ジェンダーの問題が大切なのは、それが、すべての人たちの自由や生きる喜びを増やしてくれるからこそ。この古典は、フェミニズムという枠を超えて、自分だけの時間と空間を持つことの大切さを、現代の私たちに教えてくれる。

二百十日・野分

夏目漱石
新潮文庫
506円（税込）

僕が最も大切にしているのは、何度も読み返し、入浴中にも文庫で読む「お風呂本」。そんなヘビロテの夏目漱石の中でも、この本はユニークで大切な一冊。

キッコーマン株式会社　取締役名誉会長　取締役会議長
公益財団法人日本生産性本部会長

【茂木友三郎】

もぎ ゆうざぶろう

1935年千葉県生まれ。58年慶應義塾大学卒業後、キッコーマン㈱入社。61年米国コロンビア大学経営大学院卒業。95年キッコーマン㈱代表取締役社長CEO、2004年代表取締役会長CEO、11年より現職。18年文化功労者に選ばれる。

欧州最高峰の知性と称される著者が、誰もが予期せぬ死に怯える今回のパンデミックを受け、命を重視する「命の経済」への移行の必要性を説く。コロナ禍後の社会を考えるきっかけになる。

命の経済

パンデミック後、新しい世界が始まる

ジャック・アタリ
林昌宏、坪子理美 訳
プレジデント社　2,970円（税込）

selector's **voice**

2000年から、「読書会」を行っています。毎年、若手社員を8人選び、月1回4冊の本の概要を私に直接報告。社員にとって、読書の機会が得られ、まとめる力も養えます。その中から心に残る本に出会うこともあります。

デジタル・デモクラシーがやってくる!

谷口将紀、宍戸常寿
中央公論新社　1,980円（税込）

デジタル技術が、デモクラシーのプロセスに与える影響について述べている。フェイクニュースの拡散の実態や、オンラインを活用した合意形成の在り方など、幅広く書かれている。これからの政治を考える上で、示唆に富む一冊。

フランクリン・ローズヴェルト

佐藤千登勢
中央公論新社
968円（税込）

ローズヴェルトは、12年間（1933～1945）の大統領在任中に大恐慌と第二次世界大戦という二つの危機に直面したが、高いコミュニケーション能力で自らの考えを国民に伝え、信頼を勝ち取ることで、危機を乗り越えた。有事のリーダーの在り方を示している。

小説家

【諸田玲子】

もろた れいこ

静岡市生まれ。1996年に『眩惑』でデビュー。『其の一日』で吉川英治文学新人賞、『奸婦にあらず』で新田次郎賞を受賞の他、歴史・時代小説多数。近刊に『女だてら』と『しのぶ恋』。

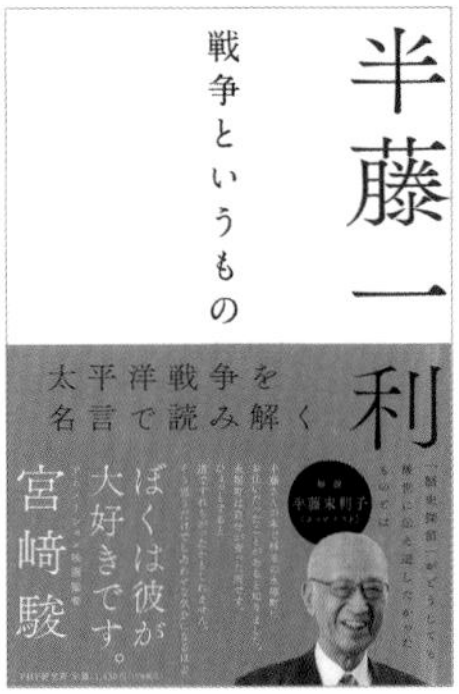

戦争というもの

半藤一利
PHP研究所
1,430円（税込）

今年1月に逝去された昭和史の語り部にして歴史探偵、半藤一利さんの遺作。貴重な体験と膨大な資料から読み解いた太平洋戦争を、戦時中の名言を基に易しくコンパクトにまとめたもの。本棚の片隅に一冊、悲惨な戦争と氏の非戦の願いを忘れないように。

selector's **voice**

【最新著書】
『尼子姫十勇士』（集英社文庫）

尼子ゆかりの城跡や神社を訪ね歩いた取材。黄泉国に続くという洞を見つけ、大蛇の神楽を堪能して、出雲の地に宿る神々に出会えたような…でも、愚かしい戦と恋のバトルはいつの世も変わりませんね。

ジョゼと虎と魚たち

田辺聖子
KADOKAWA
660円（税込）

男女の心の機微を描いたら田辺聖子さんの右に出る者はいない。一世を風靡した表題作をはじめ、歳月を経ても色褪せない珠玉の9篇が小さな文庫本に詰まっている。軽妙で辛辣で、ときにホロリとさせられる本書を、恋に悩む現代の若者たちにもぜひ。

体の贈り物

レベッカ・ブラウン　柴田元幸 訳
新潮社
649円（税込）

11の連作はみな不治の病と死の話…と知っていたら手に取らなかった。偶然出会い、するすると読み終え、重くも暗くもならず、むしろ胸がほこほこ温かくなって、出会えた幸せをかみしめた。悩み苦しむあなた、騙されたと思ってとにかく読んでみて。

タレント

【YOU《ゆう》】

女優・タレントとしてテレビやラジオ番組、映画、CMに出演。また雑誌でエッセーを連載するなど、幅広く活躍。映画『誰も知らない』ではカンヌ映画祭にも出席した。同世代のみならず、幅広い層の女性から高い支持を得ている。

好き？ 好き？ 大好き？ Do you love me?

R. D. レイン　村上光彦 訳
みすず書房
2,530円（税込）
※品切れ中

二十歳前後に出会ってから、幾度となく手に取ります。医者としての視点で問いかけるようであり、辛辣でもあって。落ち着かない心をクールダウンしたい若い女子に似合うかと。

selector's **voice**

待ち時間に、スタジオのカフェで、本を読まれる児玉清さんを、よく拝見していました。それはもうまさに映画のワンシーンのようで、とっても素敵だったのを覚えています。今は皆PCを開いてて。なんだか格闘してるみたいに見えてしまいます。

荒野へ

ジョン・クラカワー　佐宗鈴夫 訳
集英社文庫
924円（税込）

『イントゥ・ザ・ワイルド』は映画化もされていて、当時、一週間ほどは殴られた後のように呆然としました。極端だという意見もたくさんありましたが、私にはとても尊いものが残り、忘れられない作品になった。現在の若い男子は何を感じるのか、とても興味があります。

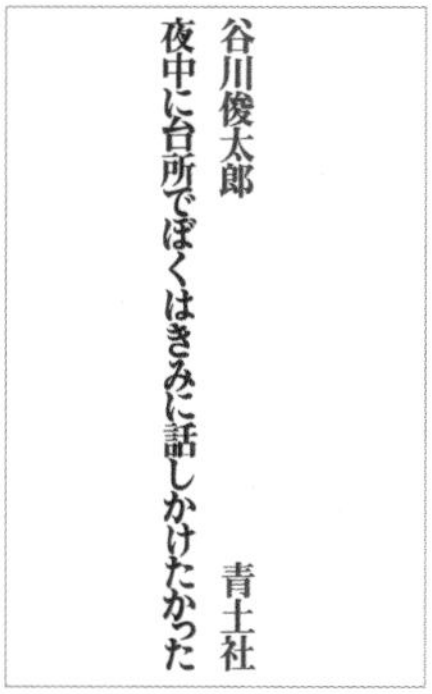

夜中に台所でぼくはきみに話しかけたかった

谷川俊太郎
青土社
1,100円（税込）

ぼろぼろになると、買って。(笑)何冊目だろう。探すと何冊もあるはず。これは70年代に書かれたものがほとんどですが、いつも知らない世界や視点や多くの表現をくれるので、勝手に恩師と慕っている。躍動の時代の目撃者である恩師が紡ぐ点を、一人繋げてみるのはいかが？　静かな夜に。

東京吉兆代表

【湯木俊治】

ゆき としじ

1954年生まれ。吉兆創業者湯木貞一の孫。慶応義塾大学卒業後、吉兆入社。98年東京吉兆代表取締役に就任。貞一の作り上げた世界に新しい味覚の風を取り入れるべく、ワインとのマリアージュの提唱や、料理教室を主催。

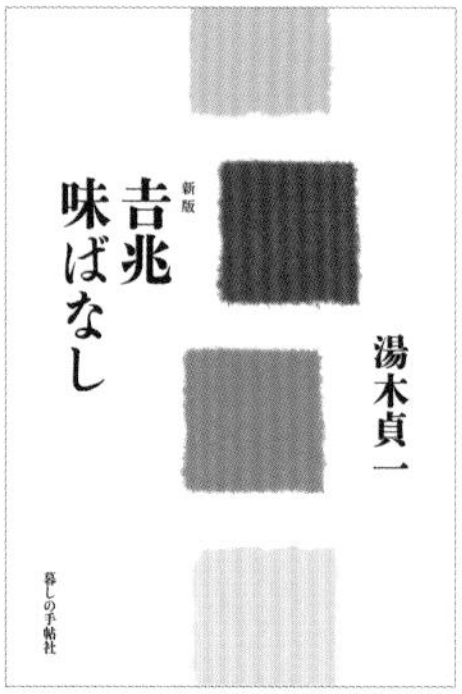

新版　吉兆味ばなし

湯木貞一
暮しの手帖社
1,760円（税込）

食の基本は家庭にあると考えていた祖父・貞一は、食卓の洋風化に懸念を持ち、同じように考えていた暮らしの手帖の名編集者・花森安治さんの依頼で『吉兆つれづればなし』と題した連載を担当し、20年分を一冊にまとめた。料理の作り方や献立、日本文化や美意識について語っている。

selector's **voice**

まったくの「積読」派です。仕事の合間に、和菓子と抹茶をいただきながらの読書で癒されています。

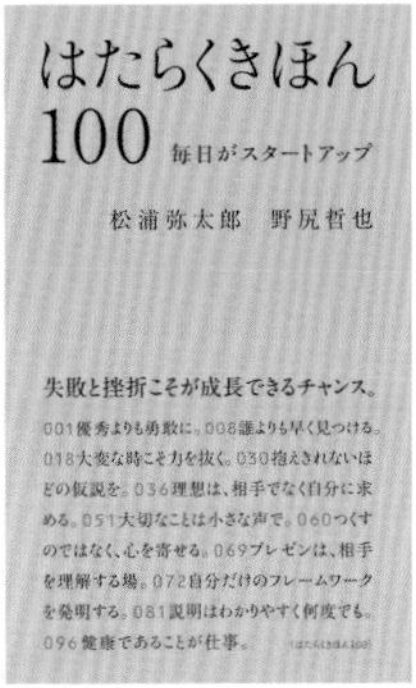

はたらくきほん100
毎日がスタートアップ

松浦弥太郎、野尻哲也
マガジンハウス
1,650円（税込）

仕事に悩んだり困った時に、初心に戻れるヒントがつづられている。まさに「転ばぬ先の杖」のような存在であり、言葉の玉手箱でもある。

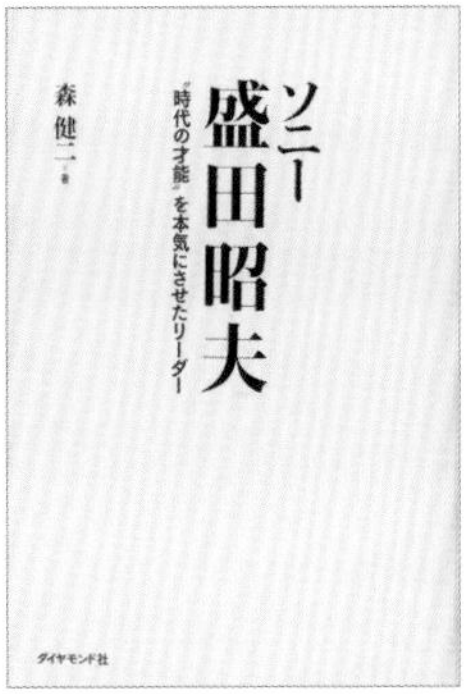

ソニー　盛田昭夫

森健二
ダイヤモンド社
2,420円

祖父の代からのお客さまであり、いろいろと料理やおもてなしについて教えていただいた。新しい時代の扉を開くチャレンジ精神に溢れた盛田さんの生き様に憧れて、料理の世界でも「食材の新しい組み合わせとプレゼンテーション」を通じて「新和食」にチャレンジする勇気をいただいた。

医学博士・解剖学者
東京大学名誉教授

【養老孟司】

ようろう たけし

1937年神奈川県鎌倉市生まれ。89年『からだの見方』（筑摩書房）でサントリー学芸賞受賞。新潮新書『バカの壁』は419万部に達し、新語・流行語大賞、毎日出版文化賞特別賞を受賞。虫好きとして知られ、昆虫採集・標本作成を続けている。『唯脳論』（青土社）、『AIの壁 人間の知性を問いなおす』（PHP研究所）など著書多数。

Photo：© 稲垣徳文

世界一うつくしい生物図鑑

クリストファー・マーレー
奥村大三郎 訳
世界文化社　4,400円（税込）

非常にきれいな写真でいろいろな生物を紹介していて、開けてびっくりする図鑑。私は昆虫の標本を並べる参考にしたりするが、病院の待合室などに置いておくと、皆さんの暇つぶしにもなりそう。

selector's **voice**

研究室にいた頃、先生たちは本を読むなと指導していました。科学をやるときあまり論文や本を読むと自分で考える余裕がなくなるからです。しかし、ちゃんと読むと、教科書に書いてあることでも「どうもおかしい」と思えます。するとそれが論文や仕事につながります。ですから若いうちから本を読むことは大切です。

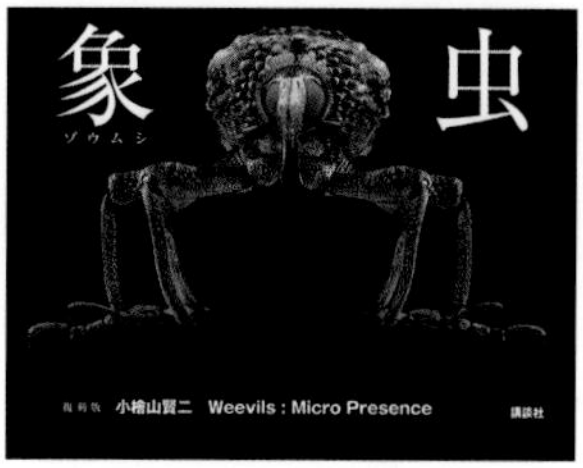

象虫

Weevils : Micro Presence

復刻版

小檜山賢二 著・写真
小島弘昭 監修
講談社　3,960円（税込）

この図鑑の写真はおそらく100枚ぐらいの写真を合成している。虫は小さいので全体にピントが合わない。そこでピントが合っている部分だけを合成する「焦点合成」という技法で作られている。形が面白くて色もきれいなので、訪ねてきた女性2人がずっとこの本に見入っていたこともあった。

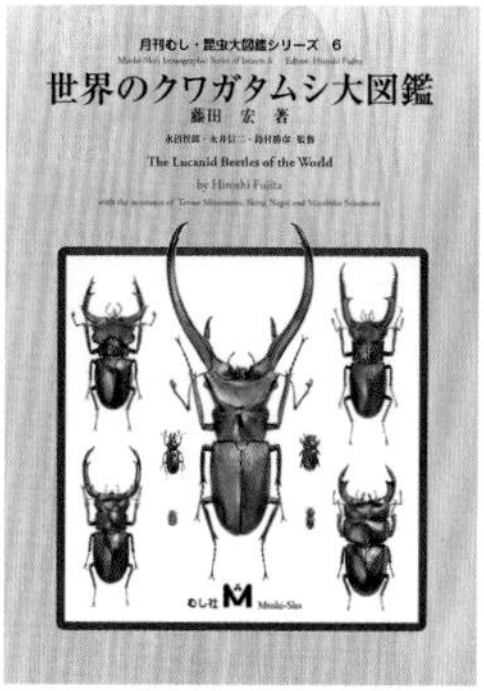

世界のクワガタムシ大図鑑

藤田宏
水沼哲郎、永井信二、鈴村勝彦 監修
むし社　50,600円（税込）

世界中にいる105属1414種のクワガタムシをカラー写真で紹介する大型の図鑑。ここに出ていないクワガタを見つけたら新種だといえるほど。クワガタ好きのお子さんは多いので、そんなお子さんに贈れば励みになるだろう。

※本書は「むし社」HPよりお求めください

ウェルカムグループ代表

【横川正紀】

よこかわ まさき

2000年㈱ウェルカム(旧社名㈱ジョージズファニチュア)設立、DEAN & DELUCAやCIBONEなど食とデザインの2軸で良質なライフスタイルを提案するブランドを多数展開。武蔵野美術大学非常勤講師。

ぼくを探しに

シェル・シルヴァスタイン
倉橋由美子 訳
講談社 1,650円(税込)

子どもから大人まで、絵だけでも感覚的に楽しめて、言葉があればさらに奥深く感じることができる一冊。自分探しの楽しさ、大変さ、切なさ、そして大切さを感じることができる。あなたもこの本と一緒に「ぼくを探しに」出かけては。

selector's **voice**

以前は出張や旅行の移動時間が読書の時間でした。社会のデジタル化が進み、やがて子どもと一緒に本を読むようになると、本の大切さが心に沁みるように。今では土曜の朝のひとときが、デジタルから離れ本と向き合う大切な時間です。

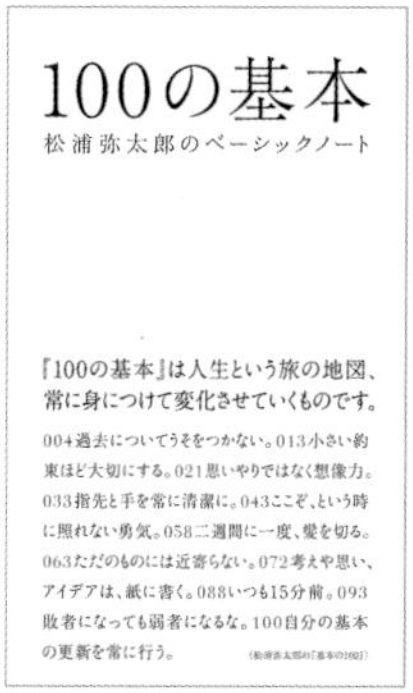

100の基本
松浦弥太郎のベーシックノート

松浦弥太郎
マガジンハウス
1,650円（税込）

シンプルな言葉にとてもたくさんの納得と気付きがある大好きな本。読むその時々で感じることは変わるが、最初と最後のページにある言葉は、いい一日のための「基本」として、若い人に向けて送りたい言葉。

よあけ

ユリー・シュルヴィッツ
瀬田貞二 訳
福音館書店 1,320円（税込）

ポーランド生まれの画家の手による、美しい写真集のような絵本。夜明け前の湖のほとり、息をのむような夜明けの瞬間が訪れる様が見事に表現されている。誰にでも贈りたくなる定番ギフト。

あるとうれしい

木のぬくもりが誘う豊かな読書時間

紙の本と木の家具、どちらも触れていると心穏やかになるのは、原材料に木材という自然の恵みを使っているから？
そんな本と親和性の高い木の家具をしつらえて、読書を心ゆくまで堪能したい。

for reading

読書を楽しむために作られたチェア

cocoda chair 特別仕様

肘掛けがアシンメトリーになっているのが特徴で、幅の広い肘掛け側は、サイドテーブル感覚で本を置いたり、飲み物を置いたりすることができる。どんな姿勢をとっても疲れにくい絶妙な形状で、「ずっと座っていたい」と心底思える贅沢な座り心地。
W920×D510×H725×SH420mm
420,000〜450,000円

あまりの心地よさに動けなくなること必至

isola sofa

寝転んだり、映画を観たり、ビールを飲んだり。一日中、この上でダラダラと過ごしていたくなるほどの快適性を実現。左右の大小サイズ違いの肘掛けには本やグラスが置ける他、食事もできるほどのスペースを確保。読書を始めたら…気付いたら夕方になっていた! なんてことも大いにあり得る。

W2450×D910×H830×SH350×AH610mm
700,000〜735,000円

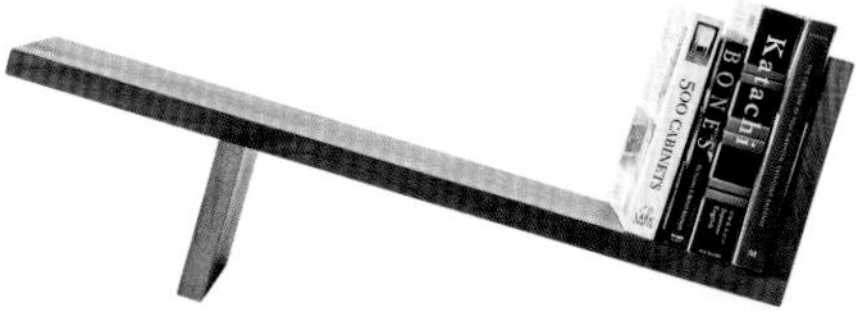

nice idea !

逆転の発想から生まれたブックスタンド

Book stand

「本は立てて並べると倒れやすい。ならば、はじめから斜めに並べれば倒れないのでは?」との発想から生まれたブックスタンド。シンプルなデザインながらも斜めの形状が斬新で、空間にアクセントを与えてくれる。無垢材ならではの木目の表情を楽しんで。

W770×D180×H220mm 30,000円

オブジェとしても楽しめる美しい一品

Book stand-02

本の形をした木のぬくもり溢れるブックスタンド。重厚な佇まいで、お気に入りの本を上品に演出してくれる。使わないときは、オブジェとしても楽しむことができるため、リビングや書斎にさりげなくディスプレイするのもおすすめ。シンプルながらも存在感のある一品。

W95×D50×H160 & W100×D180×H230mm 13,000円

作り手からの一言

自分の個性がにじみ出る相棒みたいな存在

家具職人・KOMA代表取締役 松岡茂樹

[選書 p118-119]

家具を作るとき、僕はまず、どんなシチュエーションで使いたいかを想像してからフォルムを決めていきます。個人的に読書が好きなので、本を読むのに居心地のいい椅子やソファを作ることも多いですね。

材料は木材に限ります。自然の産物である木は、一つとして同じ表情のものはありません。同じ削り方でも木目の出方が変わるため、一つひとつ印象が異なります。だから、毎回新鮮な気持ちで家具と向き合うことができるんです。作っていて飽きることはありません。

天然木の家具は「経年変化」すると言いますが、僕は「経年優化」という表現がふさわしいと思っています。使う人のライフスタイルや人柄が家具に味わいを与え、時とともに美しい表情となって昇華していく。使い込んだジーンズみたいに、その人のモノになって相棒感が出てくるんです。長く愛せる木の家具は、最高の相棒です。

問い合わせ先:KOMA ☎03-6383-5585 https://www.koma.tokyo

本選びのプロに聞く

書店員が選ぶ、あの人に贈りたい本。

紀伊國屋書店
九州地区店売第二部長
兼 久留米店長
【花田《はなだ》吉隆《よしたか》】

それでも人生にイエスと言う

V・E・フランクル　山田邦男、松田美佳 訳
春秋社　1,870円（税込）

タイトルの「それでも」とは、生きていることに疲れても「それでも」まだ生きていることに意味はあるのか、という問いかけだと思います。大切な人が人生の中で辛く苦しんでいる時にこの本が本棚のなかで「それでも人生にイエスと言う」ための灯となる事を願って贈ります。

三省堂書店
営業企画室次長
【鈴木昌之《すずき まさゆき》】

アルジャーノンに花束を

ダニエル・キイス　小尾芙佐　訳
早川書房
946円（税込）

本当に感動した本は自分にとってどんな存在だろうか？ ずっと覚えておきたい本？ 私にとっては違う。内容を一切忘れてしまってもう一度読みたい本がそれだ。主人公のチャーリーがたどる驚きの運命を、まっさらな気持ちでこれから読める方は、本当に幸せだと思う。

ジュンク堂書店
大宮高島屋店
文芸担当
【小林佑一《こばやし ゆういち》】

10代のための読書地図

本の雑誌編集部
本の雑誌社
1,980円（税込）

この本を本屋で見つけると、「また本屋に買いに来よう」もしくは「今すぐこの本を検索してみよう」と思える本。本屋と本のことを伝えたい作家たちが、各々違ったやり方で紹介してくださっている。

柏の葉
蔦屋書店
【濵田知佳《はまだ ちか》】

ぼくからみると

高木仁三郎　片山健　絵
のら書店　1，540円（税込）

ひょうたん池をぼくから見ると、虫から見ると、鳥から見ると…。油絵で描かれた迫力のある絵に引き込まれ、頁をめくる度にさまざまな生き物の目線が楽しめる。同じ場所でも目線が違えば別世界のよう。さまざまな生き物の世界があり、共存して生きていることを感じさせてくれる一冊。色んな目線で自然を感じてほしい。

有隣堂
MD
【石田貴子《いしだ たかこ》】

よるくま

酒井駒子
偕成社
1，100円（税込）

働くママに贈りたい絵本。男の子のもとに、独りぼっちのこぐまのよるくまが現れ、二人はお母さんを探しに出掛ける。仕事を頑張るくまのお母さんと再会するページは、不安を一気に包み込むような安心感とぬくもりに溢れている。大人も子どもも優しい気持ちになれる一冊。

本選びのプロに聞く

図書館員が選ぶ、あの人に贈りたい本。

高山市図書館「煥章館」サブチーフ

【久保《くぼ》真弓《まゆみ》】

鼻行類

新しく発見された
哺乳類の構造と生活

H・シュテュンプケ　日高敏隆、羽田節子 訳
平凡社　880円（税込）

太平洋のとある島で発見された"鼻で歩く"新種の哺乳類！観察記録や系統進化、先行研究への言及…ネタバレすると、これは学術論文の衣をまとった「偽書」。その完成度に美しささえ感じる、奇書ジャンル珠玉の一冊。キモかわいいハナアルキたちのスケッチは一見の価値あり。

八千代市立
中央図書館
【小勝《こかつ》洋平《ようへい》】

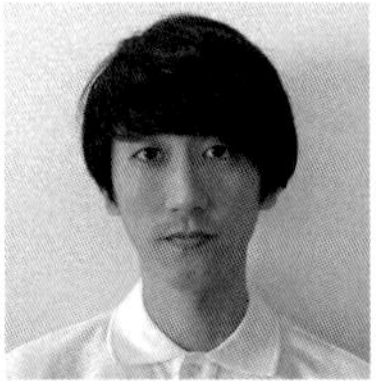

飛ぶ教室

エーリヒ・ケストナー　池田香代子 訳
岩波書店
792円（税込）

世間はヤな奴で溢れてる？ いいえ。少なくともこの本には、仲間思いの友達と正しく優しい大人ばかりが登場する。クリスマスを間近に控えたドイツの寄宿学校を舞台に、男の子たちの友情を描いた作品。読後に周りを見渡せば、世界がちょっぴり優しくなっている。

江戸川区立
中央図書館
副館長
【新保《しんぼ》有香《ゆか》】

きみの行く道

ドクター・スース　伊藤比呂美 訳
河出書房新社
1,870円（税込）

新しい世界へ踏み出すときは、誰でも不安だ。でも〝待つだけの場所〟にいるのではなく、〝一歩踏み出す〟〝自分で考えて進む〟ということを、この本は教えてくれる。そんな、あと少しの勇気が欲しいとき、この本を開くときっと背中を押してくれるはず。

新富町図書館

【髙平《こうびら》紀子《のりこ》】

ふたりのイーダ

松谷みよ子
講談社青い鳥文庫
748円（税込）

秘密をもった時のドキドキ、なぞを解くときのわくわく、事実を知った時の衝撃、そして最後に、心から誰かの幸せを祈る気持ち。そんな、さまざまな気持ちを与えてくれる大切な一冊。昔からずっと大好きなこの本を、子どもから大人まですべての人に贈りたい。

日光市立
藤原図書館
館長

【星《ほし》 雅樹《まさき》】

もりのなか

マリー・ホール・エッツ 文・絵
まさきるりこ 訳
福音館書店 1,100円（税込）

部屋に飾っていた「もりのなか」の絵は数十年の間に色あせたが、この本から受けた鮮やかなイメージは、いつまでたっても色あせることがない。モノクロの素朴な絵、幻想的で優しい物語。子どもたちに、この物語の世界を胸に宿して成長していってほしいと思う。

2021年 文学賞 受賞作品

毎年発表される文学賞。今年の受賞作にはどんな作品が選ばれたのでしょう。主な受賞作品をご紹介。

第165回 芥川賞

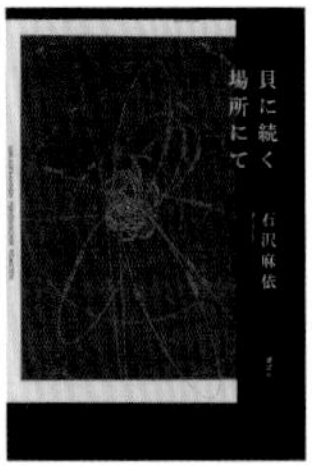

貝に続く場所にて
石沢麻依
講談社

彼岸花が咲く島
李琴峰
文藝春秋

第165回 直木賞

テスカトリポカ
佐藤究
KADOKAWA

星落ちて、なお
澤田瞳子
文藝春秋

第67回 江戸川乱歩賞

北緯43度のコールドケース
伏尾美紀
講談社

老虎残夢
桃野雑派
講談社

第57回 谷崎潤一郎賞

アンソーシャル
ディスタンス
金原ひとみ
新潮社

第34回 三島由紀夫賞

旅する練習
乗代雄介
講談社

第55回 吉川英治文学賞

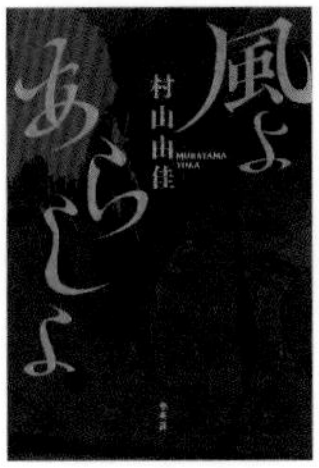

風よ あらしよ
村山由佳
集英社

第52回 大宅壮一ノンフィクション賞

女帝
小池百合子
石井妙子
文藝春秋

第74回 日本推理作家協会賞 長編および連作短編集部門

インビジブル
坂上泉
文藝春秋

蝉かえる
櫻田智也
東京創元社

第57回 文藝賞

水と礫
藤原無雨
河出書房新社

※今年度の受賞作は未刊行のため、前年度の受賞作を掲載いたします。

第44回 すばる文学賞

コンジュジ
木崎みつ子
集英社

※今年度の受賞作は未刊行のため、前年度の受賞作を掲載いたします。

第69回 日本エッセイスト・クラブ賞

さだの辞書
さだまさし
岩波書店

宿無し弘文
スティーブ・ジョブズの禅僧
柳田由紀子
集英社インターナショナル

第31回

Bunkamuraドゥマゴ文学賞

海のアトリエ

堀川理万子

偕成社

第20回

小林秀雄賞

音楽の危機

《第九》が歌えなくなった日

岡田暁生

中央公論新社

第19回

「このミステリーがすごい!」大賞

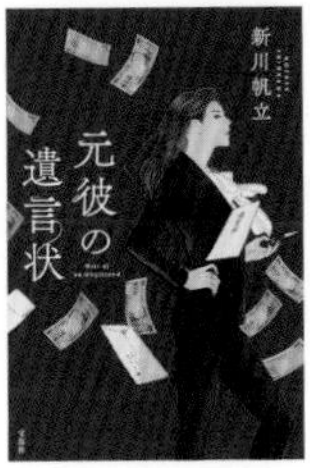

元彼の遺言状

新川帆立

宝島社

第18回

本屋大賞

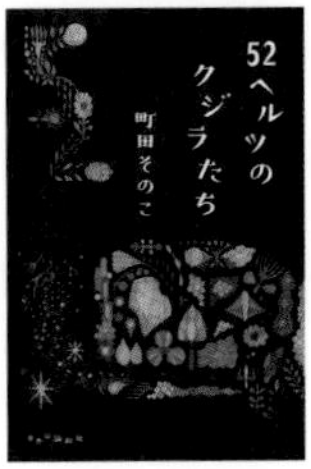

52ヘルツのクジラたち

町田 そのこ

中央公論新社

第8回

料理レシピ大賞 in Japan

カレンの台所

滝沢カレン

サンクチュアリ出版

いっぱいのコーヒーで森を守ろう

人と森、オランウータンを笑顔にする「オランウータンコーヒー」

photo：伊藤徹也

保護団体だけでなく現地の生産者にも感謝の気持ちを寄付

読書をしていると、無性にコーヒーを飲みたくなるのはなぜでしょう。コーヒーの香りが心を和ませてくれるから？　深い味わいが読書への没入感を高めてくれるから？　理由はいろいろありますが、本との相性が良いことに間違いはありません。

本を吟味するように、コーヒーの味にこだわる人も多いはず。巷にはさまざまなコーヒー豆が出回っていますが、せっかく飲むなら自然環境にも配慮した豆を選ぶのも一案です。

近年、ヨーロッパのコーヒー愛飲家の間で広がりつつあるのが「オランウータンコーヒー」です。このコーヒーは、オランウータンの保全活動を行う非営利団体「PanEco（パンエコ）」等の活動に共感した、コーヒー

1. 真っ赤に熟したコーヒー豆。2.オランウータンを守るため、プロジェクトを通して生息地の一つであるスマトラ島北部の森林を保全。3. 高品質な豆づくりに生産者の知識と力は欠かせない。4. コーヒー農園が広がるガヨ地域。5･6. 農園の一角にはラボを併設。生産者の方々にコーヒーの美味しい入れ方等をレクチャーし、見識を深めてもらっている。

のプロフェッショナルたちが立ち上げた「オランウータンコーヒープロジェクト」の一環で誕生したもの。スマトラ島の高品質な「オランウータンコーヒー」を生産・販売し、売り上げの一部を保護団体と現地のコーヒー生産者に寄付することで、オランウータンの自然豊かな環境を守ることを目的にしています。

「成熟した実を一粒一粒手摘みする作業は、かなりの重労働であり知識も必要です。つまり品質の良いコーヒー豆を安定して生産するためには、現地の生産者の方々の技術とモチベーションがとても重要になってくるわけです。その点『オランウータンコーヒー』は、保護団体だけでなく、生産者にも売上金の一部が還元されるので、持続的で公平な取引ができます。SDGsの観点からみても、とても意義ある商品だと思います」と話すのは、アジア地域で初めて「オランウータンコーヒー」の輸入販売を始めた小川珈琲の三輪欣悟さん。同社では、これまでもより良いコーヒーの未来のために、バードフレンドリー®コーヒーなどを積極的に扱い、自然環境や持続可能な社会を保つ活動を支援してきました。「せっかく日常的に飲むのですから、少しでも人や自然が笑顔になれるものを選ぶのも、なかなか良いことだと思うのです」と三輪さん。

できることから少しずつSDGsに取り組む。文化通信社が来年2月に発売する文豪珈琲も、「オランウータンコーヒープロジェクト」に賛同しています。

１９８７年、当時の西ドイツ、ノルトラインヴェストファーレン州の州都であるデュッセルドルフに赴任し、そこで６年間を過ごした。

その間、ビジネスやプライベートで（当時の西側）ヨーロッパのほとんどの国々を訪れる機会に恵まれた。通信手段と言えば当時はまだ携帯電話も無くファクスが出始めた時代、離れた場所、別の国との連絡は今ほど手軽なものではなかったし、陸続きとは言え、ＥＵ創設前のすべての国境にはパスポートコントロールや税関があり、越境のたびに行き先それぞれの通貨を用意する必要もあった。現代に比べればなんと不便だったものか、と思う反面、なんてロマン溢れる時代だったのだろうと懐かしく思う。当時バブルを迎えていた我が国から見ればとても質素でゆったりとした生活や街の風景がそこにはあった。飾り気のないビアホールに集い一杯のアルトビールで延々とカードを楽しむ初老の男たち、日曜日のケーニヒスアレーでは最高のお洒落をして肩を寄せ合う教会帰りの老夫婦、旧市街の朝市で口いっぱいにブルストを頬張る無邪気な子供たち、たまにやって来る移動遊園地やカーニバルを楽しむ家族連れの屈託のない笑顔。夜通しネオンに輝く渋谷や六本木のような華やかさはないけれど誰もがみな家族や友人と過ごす時間や空間を通して本当の意味で人生を楽しみ輝いて見えた。

そんな素敵な人たちが習慣としていた『大切な人への本のギフト』。

いま想えば、子供の頃見た絵本には暖炉とクリスマスツリー、そしてその足元には色とりどりのギフトボックスが描かれ、必ずと言っていいほど綺麗なリボンの掛かった本も無造作に置かれていた気がする。

あらゆるものがデジタル化され便利になった今の時代、それでも海外の友人やビジネスパートナーから立派な装丁で個性的な本や写真集を頂くことがある。ラッピングを解きページをめくるとき、何とも言えない穏やかな幸福感に包まれる。人間本来の幸せとは何だろう、人びとの心の豊かさとは何だろう。

遥か遠い記憶を辿りながらあらためて考えさせられる瞬間である。

お気に入りのウイスキーを片手に。

日本紙パルプ商事株式会社
代表取締役社長　渡辺昭彦

日本紙パルプ商事は、本の持つ価値や魅力を再発見し、
人びとの心の豊かさをさらにひろげていくために、
『ギフトブックキャンペーン 2022』を応援いたします。

私たちは
「ギフトブックキャンペーン 2022」を
応援いたします

株式会社NHK出版　土井成紀
株式会社学研プラス　南條達也
株式会社講談社　野間省伸
株式会社光文社　武田真士男
株式会社小学館　相賀昌宏
株式会社新星出版社　富永靖弘
株式会社世界文化社　鈴木美奈子
株式会社大修館書店　鈴木一行
大日本印刷株式会社　北島義斉
株式会社筑摩書房　喜入冬子
株式会社中央経済社ホールディングス　山本憲央
日本紙パルプ商事株式会社　渡辺昭彦
フォレスト出版株式会社　太田宏
株式会社福音館書店　佐藤潤一
株式会社ポプラ社　千葉均
株式会社有隣堂　松信健太郎
読売新聞グループ本社　山口寿一

（五十音順・敬称略）

ほん の きもち です 2022

2021年12月15日第1刷発行
2022年6月15日第2刷発行

発行者・編集人：山口健
発行所：株式会社文化通信社
〒101-0054
東京都千代田区神田錦町3-7-2
東京堂錦町ビルディング3階
TEL（03）5217-7730
Mail：info@giftbooks.jp

編　集：宮崎智子／孫維／長谷部美佐
デザイン・制作：藤枝リュウジ／篠本映
印　刷：株式会社堀内印刷所
価　格：1,100円（本体1,000円）
ISBN：978-4-938347-43-7

『ほん の きもち です 2022』は
王子製紙・OK ピクシード 01 93g/m²を
使用しています。

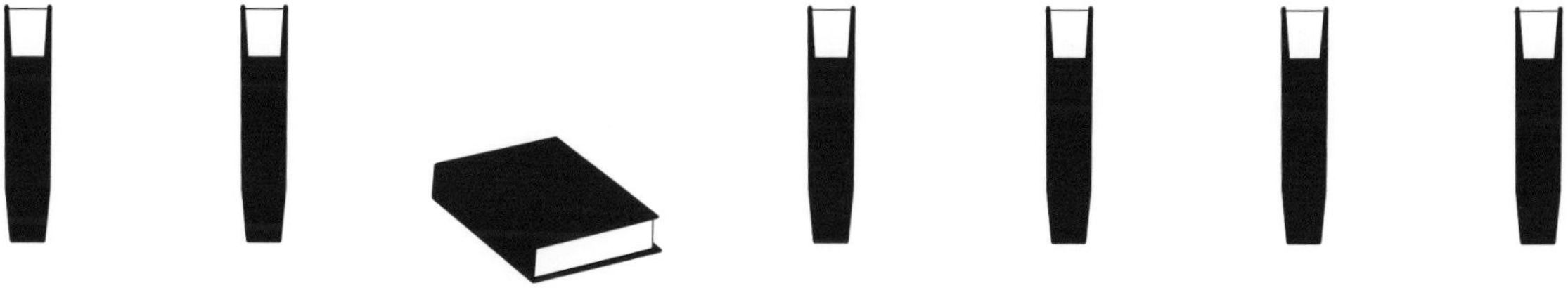